D1574559

Umschlagbild: Am Orsi-Weg
Farbfoto: Franz W. Traut

3. Auflage 1975
ISBN 37633 2306 6
Hergestellt in den Werkstätten Rudolf Rother, München
(1796 / 5023)

Vorwort

Der Bitte des Bergverlags Rudolf Rother, vorliegenden Führer, unter Verwendung von Vorarbeiten Toni Hiebelers, zu schreiben, wagte ich nur zu folgen, weil ich der Unterstützung durch meine italienischen Freunde gewiß sein konnte. Sie halfen mir beim Sammeln der neuen Anstiege, beim Auffinden geeigneter Bilder und beim Einzeichnen der Führen. Hier möchte ich nur drei Namen setzen für alle, denen ich Dank schulde:

Toni Masè aus Giustino, Bruno Detassis aus Madonna di Campiglio und Marino Stenico aus Trient.

Aus der erschöpfenden Fülle der in dem hervorragenden italienischen Führerwerk von Ettore Castiglioni beschriebenen Touren wählte ich nur die dankbarsten und bedeutendsten aus. Selbstverständlich kenne ich nur einen Teil dieser Fahrten selbst und war deshalb auf vorhandene Beschreibungen angewiesen. Um so dankbarer wäre ich für Mitteilungen über festgestellte Mängel.

Wenn nun der Führer seinen Weg in die Rucksäcke antritt, wünsche ich, daß es glückliche Tourentage sein mögen, die er begleitet in einer Landschaft, die mit Recht den Beinamen „wild-schöne" Brenta trägt, und der mein ganzes Herz gehört.

München, im Mai 1963   Horst Wels

Vorwort zur dritten Auflage

Die bergsteigerische Erschließung der Brenta-Gruppe kann seit einigen Jahren als abgeschlossen betrachtet werden. Aus der Nachlese der letzten Jahre erfolgte die Tourenauswahl auch diesmal wieder unter dem Leitgedanken, nur die lohnendsten Führen zu beschreiben.

Wieder habe ich Freunden zu danken für ihre Mithilfe: Albino und Cesare Collini aus Madonna di Campiglio und Heinz Steinkötter aus Trient.

Einige Zuschriften machten mich auf Fehler bzw. Mängel der 2. Auflage aufmerksam und auch hierfür möchte ich danken, besonders Gottfried Freimann aus München. Die Hinweise wurden alle berücksichtigt und der ganze Führer auf den neuesten Stand gebracht.

So soll er weiterhin Begleiter sein in einer Gebirgsgruppe, die allen, vom Bergwanderer bis zum Sitzschlingen-Akrobaten, ein reiches Betätigungsfeld inmitten faszinierender Szenerie bietet.

München, im Sommer 1975   Horst Wels

Inhaltsverzeichnis

Abbildungen

I. Allgemeines

Zum Gebrauch des Führers

Die Einteilung des Inhalts ist die seit Jahren bewährte Gliederung in Talorte, Schutzhütten mit Zu- und Übergängen und Gipfelanstiege. Bei den ausgezeichneten Wege- und Markierungsverhältnissen in der Brenta konnte Abschnitt II und III im Interesse der Handlichkeit des Führers bewußt knapp gehalten werden. Wer sich trotzdem ausführlicher über geographische Einteilung, Verkehrslage usw. unterrichten will, sei auf den kleinen Wanderführer durch die Brenta-Gruppe von Dr. N. Gatti, ebenfalls im Bergverlag Rudolf Rother erschienen, hingewiesen.

Die Zeitangaben beziehen sich, wenn nicht anders angegeben, stets vom Einstieg bis zum Gipfel, Richtungsangaben erfolgen immer im Gehsinne. Bei den neueren Touren ist es wichtig, ausreichend Haken mitzunehmen, da meistens nur ein Teil der benötigten Haken steckt.

Die Schwierigkeitsgrade (Alpenskala) sind in römischen Ziffern anschließend an die in Klammern stehenden Erstbegeher angegeben. Innerhalb der Führenbeschreibung haben Ausdrücke wie „leichter", „schwieriger", „schwierigste Stelle" usw. nichts mit der Alpenskala zu tun, sondern sind nur relativ zu verstehen in Hinsicht auf die vorangegangene Kletterstelle bzw. auf die allgemeine Schwierigkeit der Führe.

Lateinische Ziffern bei Randzahlen weisen darauf hin, daß die betreffende Führe auf der mit derselben Ziffer versehenen Abbildung zu finden ist. Das Randzahlen-Verzeichnis am Schluß des Führers erlaubt ein rasches Nachschlagen.

Karten und Schrifttum

Kompaß-Wanderkarte, Blatt 565, „Dolomiti di Brenta" 1:30 000, italienische Karte „Gruppo di Brenta" 1:50 000, herausgegeben vom TCI, Kompaß-Wanderkarte, Blatt 73, „Gruppo di Brenta" 1:50 000, ferner die Freytag-Berndt-Wanderkarte, Blatt 50, als Übersichts- und Wanderkarte der Brenta-, Adamello- und Presanellagruppe 1:100 000.

Farbige Panorama-Karte 1 : 25 000 der Brenta, herausgegeben vom Fremdenverkehrsverein Madonna di Campiglio und Pinzolo.
Ein ausführlicher Kletterführer, allerdings in italienischer Sprache ist „Dolomiti di Brenta" von Ettore Castiglioni, mit vielen Anstiegsskizzen. Vom CAI, SAT wurden ferner herausgegeben „La via delle Bocchette" (1962) und „Sui monti del Trentino" (1959).

Abkürzungen

E	=	Einstieg
Ghs.	=	Gasthaus
H	=	Haken
Min.	=	Minuten
N	=	Norden
O	=	Osten
R	=	Randzahl
S	=	Süden
st	=	Stunde, Stunden
W	=	Westen

Einige italienische alpine Ausdrücke

Alto	=	hoch
Basso	=	niedrig
Bocca, Bocchetta	=	Sattel, Paß, kleine Scharte
Campanile	=	Felsturm
Cima	=	Spitze, Gipfel
Dente	=	Zahn
inferiore	=	unterer, unteres
Lago	=	See
Malga	=	Alpe, Almhütte
Punta	=	Gipfel, Spitze
Rifugio	=	Schutzhütte
Sentiero	=	Pfad, Steig
superiore	=	oberer, oberes
Torre	=	Felsturm
Val	=	Tal
Vedretta	=	Gletscher

Bergrettungsstationen

sind alle Schutzhütten in der Brenta sowie die Talorte Madonna di Campiglio, Molveno und Pinzolo.

Geologische Einführung

von Dr. Friedl Purtscheller, Innsbruck

Die Gesteine, die ein Gebirge aufbauen, verleihen ihm seine besonderen Eigenheiten. Jeder Bergsteiger kennt den Unterschied zwischen den relativ wenig steilen Wänden der aus kristallinen Gesteinen aufgebauten Zentralalpen und den senkrechten Wandfluchten der Dolomiten. Die Form jedes einzelnen Berges, jeder Wand, jedes Grates ist das Ergebnis des Angriffes der Verwitterung auf das vorhandene Gestein und dessen Struktur. In gewissem Maße hängt ja auch die Vegetation, die Bildung von Almen usw. von den vorhandenen Gesteinen ab. Im folgenden soll nun versucht werden, den Zusammenhang zwischen den Gesteinen und deren Lagerung und dem heutigen Bild der Brenta ein wenig zu beleuchten.

Die Gesteine

Die Brentagruppe wird aus Sedimentgesteinen aufgebaut, die dem Mesozoikum, also dem Mittelalter der Erdgeschichte und dem ersten Anfang der geologischen Neuzeit, dem Tertiär, entstammen. Viele dieser mesozoisch bis tertiären Gesteine spielen im Aufbau der Brenta eine ganz untergeordnete Rolle, sie kommen meist in touristisch unbedeutenden Randgebieten vor und sollen deshalb nur kurz gestreift werden, um dafür bei den wenigen weitverbreiteten Gesteinen, den Hauptfelsbildern, etwas länger zu verweilen.

Die ältesten, also tiefsten Sedimente sind die Raibler Schichten aus der mittleren Trias: es sind helle, dolomitische Gesteine und dunkle, feingeschichtete Mergel mit starkem Bitumengehalt; diese Gesteine kommen nur an einer Stelle, nämlich südlich von der Malga Stablei an der SW-Seite der Brenta vor. Darüber folgt die rund 1000 m mächtige Dolomitplatte des Hauptdolomits. Dieses Gestein baut die gesamte zentrale Brentagruppe vom Passo del Groste im N bis zum Rifugio Agostini im S und von der Brentei-Hütte im W bis zur Selvata-Hütte im O auf. Fast alle bekannten Kletterberge bestehen aus diesem Gestein und es lohnt sich sowohl für den Wanderer, der die Türme und Wände staunend betrachtet, als auch für den Kletterer, der unmittelbar an den Fels Hand anlegt, sich etwas genauer mit ihm zu befassen: es ist ein grauer, fester Dolomit ($CaCO_3$ x $MgCO_3$); die hellen, gelben Farben unter Überhängen und an steilen Wänden entstehen durch die Verwitterung des, wenn auch sehr geringen, Eisengehaltes, während die tiefschwarzen, fast tintigen Streifen, die dort auftreten wo Wasser herunterrinnt, auf Algen zurückzuführen sind. Das Gestein wittert sehr rauh und kantig an und bietet dem Kletterer wunderbare Tritte und Griffe, die trotz ihrer Größe sehr gut halten und im Verein mit der großen, durch die Festigkeit des Gesteins bedingten Steilheit der Wände einen idealen Kletterfels bilden. Das Gestein wurde als Sediment am Grunde eines Meeres gebildet, und zwar aus den Resten der im Meere lebenden, kalkabscheidenden Tiere und Pflanzen (vor allem Kalkalgen), aus Einschwemmungen vom Lande her, durch Ausfällung aus karbonathaltigem Wasser usw. Der Zuwachs an Sedimenten am Grunde dieses Meeres erfolgte sehr langsam, aber im Laufe von Jahrtausenden summierten sich diese vielen kleinen Beträge zu ganz gewaltigen Mächtigkeiten; dabei wurden die ursprünglich weichen, schlammigen Schichten unten durch das gewaltige Gewicht der sich allmählich darüber aufbauenden Sedimente zusammengepreßt und durch Vorgänge, die man als Diagenese bezeichnet, in das heute vorliegende, feste Gestein umgewandelt.

Es ist nun verständlich, daß diese Gesteinsbildung durch Hunderttausende von Jahren hindurch nicht immer genau gleich vor sich ging, es ergaben sich zeitweise geringfügige Änderungen in den Sedimentationsbedingungen und damit im Gestein und diese Abweichungen sind heute als Schichtung sichtbar. Die Schichtung wird ja erst dadurch deutlich erkennbar, daß sie den Kräften der Verwitterung wie Wasser, Frost, Temperaturwechsel, chemische Zersetzung der Gesteinsbestandteile länger oder weniger lang Widerstand leistet. Neben diesen Schichtungen, die überall im Hauptdolomit vorkommen, fallen in größeren Abständen (etwa 40 bis 50 m) deutliche Absätze, Terrassen oder Bänder auf, die eine weitere, horizontale Gliederung der Wände bilden; sie sind wieder verursacht durch, diesmal aber stärkere, Änderungen im Gestein. Besonders schön sieht man diese Terrassen an der Brenta Alta oder am Castelletto Inferiore; selbst der kühne Turm der Guglia di Brenta gliedert sich in einige größere Stockwerke, die um den ganzen Turm herumlaufen. Diese Beobachtung ist für den Kletterer von großem Nutzen, weil er die Wegführung jeder Kletterei diesem stockwerkartigen Bau anpaßt. Es gilt immer, ein solches Stockwerk in einem Riß, einem Kamin oder auch in freier Wandkletterei möglichst senkrecht zu durchklettern, um dann am folgenden, deutlich ausgeprägten Band so lange zu queren, bis sich die Möglichkeit ergibt, durch das folgende Stockwerk das nächste große Band zu erreichen. Ein schönes Beispiel dafür bildet der Normalweg auf die Guglia, vor allem im oberen Teil: an der NO-Ecke betritt man die „Stradone Provinciale" — eine Stockwerkgrenze — spaziert auf diesem breiten Band durch die N-Wand um den Turm herum an die SW-Seite, steigt dort durch einen Kamin bis zum nächsten Stockwerk (Garbarikanzel, Albergo al Sole), quert an dieser, zuerst allerdings kaum sichtbaren Grenze, in die N-Wand und klettert an dieser das nächste Stockwerk bis zum Gipfel hinauf. Auch die zahlreichen, äußerst kühn angelegten Steige in der Brenta folgen immer diesen deutlich ausgeprägten Terrassen und Bändern und queren dabei die steilsten Wände auf relativ bequemen und ebenen Steigen, die nur dann steiler werden, wenn sie ein höheres Stockwerk erreichen wollen. Sehr schön sehen wir dies vor allem am Sent. delle Bocchette, der an einem deutlichen, teilweise sehr breiten Band durch die senkrechte W-Wand der Brenta Alta hindurchführt, um dann, wieder auf solchen Stockwerkgrenzen, durch die nicht minder steile O-Wand der Sfulmini und des Torre di Brenta zur Bocca d'Armi zu führen.

Über dem Hauptdolomit folgen im N, O, S und SW die 800 m mächtigen Dolomite des R ä t , also der obersten Stufe der Trias. Das untere Rät fällt im Gelände schon von weitem durch die dunkle Farbe des Gesteins und durch die sehr stark ausgeprägte Schichtung auf. Diese ist verursacht durch einen mannigfaltigen Wechsel von Kalken, Dolomiten, Sandsteinen, Mergeln, Korallenkalken usw.; der aufmerksame Beobachter wird zahlreiche versteinerte Reste von Muscheln, Korallen, Brachiopoden usw. finden. Sehr schön sind diese Schichten am Fuße des Pietra Grande oberhalb der Grafferhütte zu sehen. Darüber folgen, etwa 200 m mächtig, die hellen Kalke und Dolomite des mittleren Rät. In ihrem mittleren Teil enthalten sie zahlreiche Reste von Fossilien, besonders von Megalodonten (die weißen, oft herzförmigen, dezimetergroßen

Querschnitte werden von der Bevölkerung „Piedi dei Cavalli" genannt). Auch dieses Gestein ist noch geschichtet und unterscheidet sich vom Hauptdolomit durch den durchschnittlich größeren Gehalt an Calcit ($CaCO_3$) und durch seine ausgesprochene Brüchigkeit. Diese unangenehme Eigenschaft des Gesteins ist am Aufstieg zum Pietra Grande vom Groste-Paß aus zu beobachten. Den Abschluß der triadischen Schichtfolge bilden die rund 500 m mächtigen Kalke des oberen Rät: es ist ein heller, gelblich grauer, reiner Kalk, dessen Schichtung nur undeutlich erkennbar ist und der sich wiederum durch starke Brüchigkeit des Gesteins bemerkbar macht. Es folgen nun die Schichten des Jura, bestehend aus Liaskalk, Ammonitico rosso und Majolica. Der Liaskalk bildet hellgraue Kalke, die dem Rätkalk sehr ähnlich, teilweise allerdings durch Hornsteineinlagen ausgezeichnet sind. Wenn auch diese Gesteine des Rät und Lias flächenmäßig ziemlich großen Anteil am Aufbau der Brenta haben, sind sie doch für den Bergsteiger von geringerer Bedeutung als der Hauptdolomit, da sich aus ihnen mit Ausnahme des Pietra Grande, der gewaltigen Wand des Croz Altissimo und der Berge im O der XII-Apostel-Hütte keine häufiger begangenen Kletterberge aufbauen. Der Ammonitico rosso bildet eine 15 m mächtige Schicht aus rotem Kalk mit zahlreichen Ammoniten. Er kommt in der Nähe des Molvenosees vor. In dieser Gegend folgt darüber die rund 40 m mächtige Majolica, ein hell- bis rötlichgrauer Kalk.

Die Schichten der Kreideformation spielen eine ganz untergeordnete Rolle und kommen nur im SW des Molvenosees vor: sie bestehen aus dem Biancone, einem meist hellem Kalk mit zahlreichen Hornsteineinlagen und aus der Scaglia, einem deutlich ziegelroten Mergel.

Blickt man von der Tosa-Hütte aus nach S, so fallen diese roten Schichten am Gipfel des Rossati auf. Hier kommen auch die jüngsten Gesteine der Brenta vor, grünliche Mergeln und helle Kalke aus dem Tertiär (Eozän).

Über den Bau des Gebirges

Im vorangehenden Kapitel wurden die einzelnen Gesteine in der Reihenfolge, wie sie sich am Meeresboden abgelagert haben, beschrieben, also unten beginnend mit den Raibler Schichten bis herauf zu den jüngsten Gesteinen aus dem

Cima del Grostè

Campanile dei Camosci

Rocca di Vallesinella

Campanile di Vallesinella

Rocchetta della Val Perse

Inferiore Castelletto
Superiore

Cima Sella

Bca. di Tuckett

Die zentrale Brenta-Gruppe (von Nordwesten),

12

Cima Brenta

Cima Mandron

Punta di Campiglio

Bca. degli Armi

Torre di Brenta

Bocchetta degli Sfulmini alta

Torri degli Sfulmini

Bocchetta degli Sfulmini bassa

Campanile alto

Guglia di Brenta

Cima Brenta alta

Bocca di Brenta

nördlicher Teil bis zur Bocca di Brenta

13

Cima Brenta bassa · Cima Margherita · Crozzon di Brenta · Cima Tosa · Bca. d'Ambiez · Cima d'Ambiez · Boca d'Agola · Cima d'Agola · Cima di Prato fiorito · Cima dei XII Apostoli

Die zentrale Brenta-Gruppe (von Nordwesten),

14

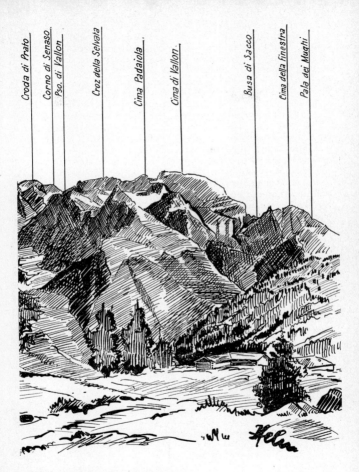

Croda di Prato · Corno di Senaso · Pso. di Vallon · Croz della Selvata · Cima Padaiola · Cima di Vallon · Busa di Sacco · Cima della finestra · Pala dei Mughi

südlicher und westlicher Teil

Eozän. Diese ursprüngliche Reihenfolge wurde nun durch die gebirgsbildenden Kräfte gestört. Auch diese Bewegungen erfolgten sehr langsam und dauerten dafür wieder über sehr lange Zeit an. Ihnen verdanken wir es, daß heute die relativ jungen Gesteine der Brenta an der O-Seite von Madonna di Campiglio in gleicher Seehöhe liegen wie die alten kristallinen Gesteine an der W-Seite des Tales. Durch Madonna di Campiglio, an der W-Seite der Brenta vorbei, verläuft nämlich die Judikarienlinie, eine Grenze, an der der östliche Block (hier also die Brenta) gegenüber dem westlichen um einen gewaltigen Betrag (bis 1000 m) abgesenkt wurde, so daß also heute Jüngeres neben Älterem liegt. Die Brentagruppe selbst wird nun durch fünf größere und mehrere kleinere Störungslinien, die meist parallel der Judikarienlinie, also ungefähr N—S, verlaufen, in mehrere längliche Schollen (Längsachse N—S) zerlegt, die nach O und S staffelförmig übereinandergeschoben sind. Dadurch kommt es, daß wir heute in der Brenta den jüngeren Rätkalk, etwa am Francinglio, neben dem älteren Hauptdolomit des Crozzon di Brenta sehen. Dadurch sehen wir auch, wenn wir das Val d'Ambiez hinaufwandern, von unten nach oben folgende Schichten: Hauptdolomit, Rätkalk und dann wieder Hauptdolomit; zwischen dem oberen Hauptdolomitpaket und dem Rätkalk liegt hier eine Überschiebungsfläche, an der der Hauptdolomit auf den Rätkalk aufgeschoben ist. Einen unmittelbaren Einblick in diese gewaltigen Kräfte gewinnt man, wenn man von der Tosa-Hütte hinüber an den N-Hang der Pozza tramontana, dort, wo der Weg zur Agostini-Hütte in engen Serpentinen hinaufsteigt, blickt. Ganz in der Nähe dieses Steiges streicht eine Überschiebungsfläche. Die Cima di Ceda und ihre O-Ausläufer bestehen aus Hauptdolomit, während die terrassenförmigen Felsen zur Linken der Überschiebung aus dem jüngeren Rätkalk bestehen, der ja eigentlich über dem Hauptdolomit liegen müßte. Wir sehen aber auch deutlich, daß die Rätkalke unmittelbar an der Überschiebungsfläche hochgebogen und gefaltet sind, während sie in geringem Abstand davon nach links hin wieder normal eben liegen; wir sehen hier direkt, wie die Felsen der Cima di Ceda sich an einer schrägen Grenze über den Rätkalk darübergeschoben haben und dabei die unmittelbar angrenzenden Partien des unterlagernden Gesteines umgebogen und ein

Stück weit mitgeschleift haben. Abgesehen von solchen Stauchungserscheinungen an Störungslinien sind die Gesteinsschichten in der Brenta nicht gefaltet und liegen meist noch horizontal. Senkrecht auf dieser Schichtung stehen zahlreiche Klüfte, die die Bildung von steilen Wänden hervorrufen. Die einzelnen großen, N-S-verlaufenden Schollen, die oben erwähnt wurden, sind in sich nicht gefaltet oder zerbrochen, sondern nur an den einzelnen Störungslinien gegeneinander verschoben. Diese Lagerungsverhältnisse bilden die Ursache der für die zentrale Brenta charakteristischen Bergformen: es sind breite klotzige Berge und Türme, an den Seiten von steilen Wänden begrenzt, während die Gipfel meist von ebenen, plateauartigen Flächen gebildet werden. Diese ebenen Gipfel sind Schichtflächen, die hier flach liegen; die Wände folgen senkrechten Kluftrichtungen. Besonders schön zeigt sich diese Gipfelplateaubildung an der Cima Tosa, hier ist sie so groß, daß sich darauf sogar ein kleiner Gletscher bilden konnte. Auch die Felsnadel der Guglia di Brenta bildet hierin keine Ausnahme, wie jeder bestätigen wird, der den erstaunlich großen Gipfel betreten hat.

Die Vergletscherung

In den hochgelegenen, schattigen Karen der N-Seite vieler Brenta-Gipfel liegen heute noch zahlreiche kleine Gletscher eingebettet. Deutliche Moränenwälle weit vor den jetzigen Gletscherzungen und bleicher, glattgeschliffener, vor kurzem noch von Eis bedeckter Fels führen auch hier den Rückgang der Gletscher in den letzten hundert Jahren drastisch vor Augen. Hin und wieder findet man, weit von den heutigen Gletschern entfernt, in tieferen Lagen deutliche Moränenwälle, es handelt sich dabei um Rückzugsstadien aus der letzten Eiszeit, in der in der Brenta eine starke Eigenvergletscherung vorhanden war. Während der Hocheiszeiten ragten wohl nur die höchsten Gipfel der Brenta aus dem Eis heraus; außerdem floß Eis aus dem N über den Campo Carlo Magno und ebenso im O aus dem Etschtal an der Brenta vorbei. Spuren dieser Hocheiszeit lassen sich bis weit über 2000 m Höhe in Form ortsfremder Gesteine nachweisen. Diese gewaltigen Gletscher haben natürlich ihr Bett ausgehobelt und ausgeschliffen bzw. einzelne Berge, die in ihrer Fließrichtung lagen, entsprechend angeschliffen; ein schönes Beispiel dafür bildet die schiffsbugartige Form des Monte Turion basso.

II. Wichtigste Talorte

● 1 **Madonna di Campiglio**, 1522 m, Ausgangspunkt für Tuckett-, Brentei-, Tosa-, XII-Apostel-Hütte. Bedeutendster Talort für die Brentagruppe im Sommer und Winter. Zahlreiche Hotels und Pensionen. Sessellifte und Seilbahnen auf den Monte Spinale, 2093 m, und den Grostè-Paß, 2446 m (nördl. Brentagruppe). Busverbindung nach Trient, Bozen, Riva (Gardasee), Brescia, Pinzolo (R 2), Molveno (R 3) und zahlreichen anderen näher gelegenen Zielen.

● 2 **Pinzolo**, 770 m, Talort für die XII-Apostel-Hütte. Zahlreiche Hotels u. Pensionen. Auch Ausgangspunkt für Adamello- und Presanellagruppe, sowie die zahlreichen Kletterfahrten im Val Gabbiolo (Granit). Busverbindungen wie R 1.

● 3 **Molveno**, 864 m, Talort für Tosa- und Selvata-Hütte. Zahlreiche Hotels u. Pensionen. Campingplatz am gleichnamigen See. Sessellift auf Pradel, 1342 m. Busverbindungen nach Trient, Bozen, Madonna di Campiglio (R 1), Pinzolo (R 2) und zahlreichen anderen Zielen.

● 4 **San Lorenzo di Banale**, 758 m, Ausgangspunkt für die Agostini-Hütte. Einige Pensionen. Busverbindungen nach Trient, Pinzolo (R 2) und Madonna di Campiglio (R 1).

III. Schutzhütten

● 5   **Tuckett-Hütte**, 2268 m

Rifugio Tuckett e Quintino Sella, CAI, SAT Sektion Trient. Zwei Hütten in schöner Lage am Fuße des Castelletto inferiore.

68 Betten und Lager. Bewirtschaftet vom 20. 6. bis 20. 9. Im Winter: Schlüssel für Sella-Hütte beim Hüttenwirt. 1 Raum (ohne Matratzen und Decken) immer offen.

Aufstiege:

● 6 Von **Madonna di Campiglio**, 3 st. Auf Fahrstraße zum Ghs. Vallesinella, 1 st (Parkplatz) und von hier auf Weg Nr. 317 an der privaten Casinei-Hütte vorbei zur Hütte.

Variante: Von der Casinei-Hütte auf dem Weg Nr. 318, der zur Brentei- und Tosa-Hütte führt, bis Weg Nr. 328 nach links, zur Tuckett-Hütte, abzweigt.

Übergänge:

● **7** Zur **Brentei-Hütte:** a) über den „Sentiero Brentei", 2 st.
Von der Tuckett-Hütte auf Weg Nr. 328 bis zum Weg Nr.
318 („Sentiero Brentei"), der zur Brentei-Hütte führt;
b) über die „Via delle Bocchette", siehe R 29.

● **8** Zur **Tosa-Hütte:** a) über den „Sentiero Brentei", 3 st,
siehe R 7, und ab Brentei-Hütte weiter R 14.
b) über den „Sentiero Orsi", 3¹/₂ st. Von der Tuckett-Hütte
auf Weg Nr. 303 über die „Bocca di Tuckett". Weiter, unter
der O-Wand der Cima Brenta vorbei, durch die „Busa degli
Armi" und die „Busa degli Sfulmini", um die Brenta Alta
herum und hinauf zur Tosa-Hütte;
c) über die „Via delle Bocchette", siehe R 29.

Brentei-Hütte, 2120 m

● **9** Rifugio Maria e Alberto ai Brentei, CAI, Sekt. Monza.
Von eindrucksvollen Felsriesen umstanden. 100 Betten und
Lager. Bewirtschaftet vom 20. 6. bis 20. 9. Winter: Kleine,
separate, östl. liegende Hütte, offen. Holz und Gas. Hüttenwirt: Bruno Detassis, Bergführer, Madonna di Campiglio.
Er eröffnete mit seinen beiden Brüdern eine ganze Reihe von
Kletteranstiegen in der Brentagruppe, die zum Teil noch heute
zu den bedeutendsten und schönsten gehören. Seine Frau
(ehemalige Skirennläuferin) spricht sehr gut deutsch.

Aufstiege:

● **10** Von **Madonna di Campiglio,** 3 st, von Vallesinella,
2 st. Wie bei R 6 zur Casinei-Hütte und von dort weiter auf
Weg Nr. 318 zur Brentei-Hütte.

● **10a** Durch das „Val Brenta", 5 st (von der Malga Brenta
Bassa, 3 st). Bester Aufstieg im Winter. Im Sommer nur von
Interesse, wenn Fahrzeug zur Verfügung steht.
Von San Antonio di Mavignola (zwischen Madonna di Cam-
piglio und Pinzolo) auf der Fahrstraße (Weg Nr. 323) ins Val
Brenta bis zur Alm „Malga Brenta Bassa". Weiter, an der
„Malga Brenta Alta" vorbei, bis nach links der Weg zur
Brentei-Hütte abzweigt (der Weg geradeaus führt zur Tosa-
Hütte).

Übergänge:

zur **Tuckett-Hütte:** a) über den „Sentiero Brentei", 1¹/₂ st,
siehe R 7;

b) über die „Via delle Bocchette", siehe R 29;

zur **Tosa-Hütte:** a) über die „Bocca di Brenta", 1 st, siehe R 14; b) über die „Via delle Bocchette", siehe R 29.

● **11** Zur **XII-Apostel-Hütte** über den „Vedretta dei Camosci", 3 st. Von der Brentei-Hütte auf Weg Nr. 327 hinab ins „Val Brenta" und an der Crozzon-N-Kante vorbei, unter der W-Wand des Crozzon hinauf zum Gletscher „Vedretta dei Camosci". Über diesen hinauf zur Bocca dei Camosci und von hier, dem Weg Nr. 304 folgend, hinunter zur Hütte.

● **12** Zur **Agostini-Hütte**, über „Bocca d'Ambiez", 3½ st. Von der Brentei-Hütte wie bei R 11 zum „Vedretta dei Camosci". Vor der „Bocca dei Camosci" den Markierungen nach links folgend zu der Firnrinne, die zur Scharte „Bocca d'Ambiez" emporführt. Von hier hinunter zum Gletscher „Vedretta d'Ambiez und auf dem Weg Nr. 358 unter der O-Wand der Cima d'Ambiez entlang zur Agostini-Hütte.

● **12a**   **Alimonta-Hütte,** 2600 m
Rifugio Angelo Alimonta, privat, südlich der langen, rückenartigen Westschulter der Cima Molveno, zu Füßen zweier markanter Felstürme („Due Gemelli" = Zwillinge). 29 Betten (keine Matratzen), bewirtschaftet wie Brentei-Hütte. Idealer Stützpunkt, besonders bei Überfüllung der Brentei-Hütte. Besitzer: Giglio Alimonta, Madonna di Campiglio

Aufstieg:

● **12b** Von der Brentei-Hütte, ¾ st. Von Brentei nach Osten an der kleinen, als Winterraum dienenden Hütte vorbei und ansteigend zur Hochfläche „Vedretta dei Sfulmini". An ihrem Beginn fallen links zwei etwa 150 m hohe Türme (Due Gemelli) auf, zu deren Füßen die Hütte liegt.

● **13**   **Tosa-Hütte,** 2491 m
Rifugio Tomaso Pedrotti e Tosa, CAI, SAT, Sektion Trient. Die am zentralsten gelegene Hütte in der Brentagruppe und deshalb stark besucht. Besteht aus zwei Häusern: Pedrotti- und Tosa-Hütte. 120 Betten und Lager. Bewirtschaftet vom 20. 6. bis 20. 9. Winter: Schlüssel beim Hüttenwirt Celestino Donini, Molveno, der maßgeblich am Ausbau der versicherten Steige in der Brentagruppe beteiligt war.

Aufstiege:

● **14** Von **Madonna di Campiglio:** a) über die Brentei-Hütte, 4—4¹/₂ st (3—3¹/₂ st von Vallesinella).
Wie bei R 10 zur Brentei-Hütte. Dem gleichen Weg weiter folgend hinauf zur Scharte „Bocca di Brenta" und von derselben in wenigen Min. zur Tosa-Hütte;
b) durch das „Val Brenta", siehe R 10a.

● **15** Von **Molveno:** a) durch das „Val delle Seghe", 4 bis 4¹/₂ st. Von Molveno auf Weg Nr. 319 durch das „Val delle Seghe" zur Selvata-Hütte und weiter zur Tosa-Hütte.
Variante: Von Molveno aus, den Sessellift (480 m Höhenunterschied) benützend, nach Pradel und auf Weg Nr. 340 fast eben zu Weg Nr. 319 (R 15);

● **16** b) durch das „Val di Ceda", 4—5 st. Steil und mühsam, daher im Aufstieg wenig benützt.
Von Molveno am Seeufer entlang nach Mezzolago und auf Weg Nr. 326 über den „Passo di Ceda" zu Tosa-Hütte.

Übergänge:

Zur Brentei-Hütte:
a) über die „Bocca di Brenta", ³/₄ st, siehe R 14;
b) über die „Via delle Bocchette", siehe R 29.

Zur Tuckett-Hütte:
a) über die „Via delle Bocchette", siehe R 29;
b) über die Brentei-Hütte, 2—2¹/₂ st, siehe R 14 und R 7;
c) über den „Sentiero Orsi", 3¹/₂ st, siehe R 8.

Zur Agostini-Hütte:

● **17** a) Über die „Bocca della Tosa", 2 st. Von der Tosa-Hütte auf Weg Nr. 304 zum Unteren und Oberen Tosagletscher, am Einstieg des Normalweges auf die Cima Tosa vorbei und auf die Scharte „Bocca della Tosa". Von hier über Leitern hinunter zum Gletscher „Vedretta d'Ambiez" und auf Weg Nr. 358 („Sentiero Livio Brentari") zur Hütte.

● **18** b) Über die „Forcolotta di Noghera", 2 st. Von der Tosa-Hütte auf Weg Nr. 320 („Sentiero Palmieri") durch das weite Dolinenfeld der „Pozza Tramontana" zur Scharte „Forcolotta di Noghera" und im oberen Val d'Ambiez aufwärts zur Agostini-Hütte.

● **19** Zur **XII-Apostel-Hütte:** über die „Bocca della Tosa", 2¹/₂ bis 3 st. Wie bei R 17 auf die „Bocca della Tosa". Weiter über die „Bocca d'Ambiez" und „Bocca dei Camosci" zur Hütte.

● **20 Selvata-Hütte,** 1½ st. Von der Tosa-Hütte auf Weg Nr. 319 hinab zum „Pian della Selvata" und zur Hütte.

● **21   XII-Apostel-Hütte,** 2489 m
Rifugio Fratelli Garbari ai Dodici Apostoli, CAI, SAT, Sektion Pinzolo. An luftigem Abbruch stehend. In Hüttennähe eine sehenswerte, aus dem Fels gesprengte Kapelle. 30 Betten und Lager. Bewirtschaftet vom 26. 6. bis 20. 9. Winter: offener Raum mit 8 Matratzen und Ofen. Hüttenwirt: Ermanno Salvaterra, Pinzolo.
Aufstiege:
● **22   Von Pinzolo,** 4—5 st. Von Pinzolo zum Ortsteil Giustino, auf Weg Nr. 307 über die „Malga del Bregn de l'Ors" zum Schotterboden „Pian di Nardis" und über die „Scala Santa" zur XII-Apostel-Hütte, die man schon von weitem sieht.

● **23   Durch das „Val d'Agola",** 4½ st von Madonna di Campiglio, 3 st vom Lago di Val d'Agola. Von Madonna di Campiglio ein Stück auf der Fahrstraße Richtung Vallesinella, bis es nach rechts, ins Val d'Agola, geht. Auf dieser Straße (Weg Nr. 324) an der Alm „Malga d'Agola" vorbei (hier mündet die von San Antonio di Mavignola kommende Straße ein, R 10a) zum See „Lago di Val d'Agola" (bis hierher befahrbar). Nun hinauf zum schuttbedeckten „Pian di Nardis" und weiter wie R 22. Vom See zur Hütte 2½ bis 3 st.

● **23a   Von Stenico** oder **Tione,** 3 st. Mit Kfz. durch das Val d'Algone zum Movlina-Paß und zu Fuß auf bez. Weg zur Malga del Bregn de l'Ors. Von hier weiter wie bei R 22.
Übergänge: Zur **Brentei-Hütte:** über den Gletscher „Vedretta dei Camosci", 3 st, siehe R 11.
Zur **Agostini-Hütte:**
● **24   a)** über die „Bocchetta dei Due Denti", 2 st. Von der XII-Apostel-Hütte auf Weg Nr. 321 zur Scharte „Bocchetta dei Due Denti" und über Leitern („Sentiero Ettore Castiglioni") hinunter. An der Cima d'Ambiez vorbei erreicht man den Weg Nr. 358, der zur Agostini-Hütte führt;

● **25   b)** über die „Bocca d'Ambiez". Von der XII-Apostel-Hütte auf Weg Nr. 304 zur „Bocca dei Camosci" und zur

„Bocca d'Ambiez". Von hier hinunter über den Gletscher „Vedretta d'Ambiez" und auf Weg Nr. 358 zur Hütte.

Zur **Tosa-Hütte:** über die „Bocca della Tosa", 3 st, siehe R 19.

Agostini-Hütte, 2410 m

● **26** Rif. Silvio Agostini, Privathütte, unter der eindrucksvollen O-Wand der Cima d'Ambiez gelegen. Die nahe der Hütte liegenden riesigen Felstrümmer stammen vom 1957 umgestürzten Torre Jandl, der oben am Fuße der Punta dell'Ideale gestanden hatte. 44 Betten und Lager. Bewirtschaftet vom 20. 6. bis 20. 9. Winter: 1 Raum unter der Terrasse mit Stahlmatratzen, aber ohne Decken, immer offen. Hüttenwirt: Gino Collini, Pinzolo, aus alter Bergführerfamilie stammend.

Aufstieg:

● **27** Von **San Lorenzo di Banale,** $3^1/_2$—$4^1/_2$ st. Von San Lorenzo auf Weg Nr. 325 (noch ein Stück befahrbar) zur Malga Laòn im Val d'Ambiez und weiter über die „Malga Prato di Sotto" und die „Malga Prato di Sopra" zur Agostini-Hütte.

Fahrmöglichkeiten zur Hütte:

Arturo Apolloni in Dorsina (westl. San Lorenzo), Telefon 7 40 10; Giuseppe Gionghi in San Lorenzo di Banale, Telefon 7 40 50.

Übergänge:

Zur XII-Apostel-Hütte:

a) über die „Bocchetta dei Due Denti", 2 st, siehe R 24;

b) über die „Bocca d'Ambiez", 2 st, siehe R 25.

Zur Brentei-Hütte: über die „Bocca d'Ambiez", $3^1/_2$—4 st, siehe R 12.

Zur Tosa-Hütte:

a) über die „Forcolotta di Noghera", 2 st, siehe R 18;

b) über die „Bocca della Tosa", siehe R 17.

● **28**   **Selvata-Hütte,** 1630 m

Rifugio della Selvata, Privathütte, Gasthaus. Als Stützpunkt weniger bedeutend (nur Croz dell'Altissimo-Südwand) 34 Betten und Lager. Nur im Sommer bewirtschaftet.

Aufstieg: von **Molveno,** 2 st, siehe R 15.

Übergang zur **Tosa-Hütte,** $2^1/_2$ st, auf Weg 319.

● **28a   Croz dell'Altissimo-Hütte,** etwa 1450 m

Rifugio Croz dell' Altissimo, Privathütte, am Fuße der gewaltigen Südwände des Croz dell' Altissimo gelegen. 8 Betten. Bewirtschaftet vom 20. 6. bis 20. 9. Winter: Schlüssel beim Hüttenwirt Bruno Spellini, Molveno.

A u f s t i e g e :
Von Andalo, 2 st. Von Andalo auf der Fahrstraße nach Pradél (Sessellift von Molveno) und eben weiter in 1 st zur Hütte.

● **29   „Via delle Bocchette"**

Dieser Steig, der seinesgleichen sucht, vermittelt dem Begeher grandiose Eindrücke und verkürzt dem Kletterer oft den Weg zum Einstieg.

Er wurde von der Trentiner Sektionengemeinschaft (SAT) 1935 begonnen, wobei man sich an den Grundsatz hielt, versicherte Wege nur als Verbindung von Hütten, über verschiedene Scharten (= Bocchette) hinweg, aber nie bis auf einen Gipfel anzulegen.

Die Begehung dieses Weges verlangt keine sonderlichen Kletterfähigkeiten, wohl aber Trittsicherheit und Schwindelfreiheit. Er gliedert sich in folgende Abschnitte:

● **30**   1. „Sentiero dell'Ideale", 3 st, zwischen XII-Apostel-Hütte und Tosa-Hütte.

Von der XII-Apostel-Hütte steigt man auf Weg Nr. 304 erst etwas ab, dann hinauf zur Scharte „Bocca dei Camosci" und weiter durch eine steile Schneerinne auf die „Bocca d'Ambiez". Von hier aus quert man links hinüber zu den Leitern, die zur „Bocca della Tosa" emporführen. Über den Oberen Tosagletscher, vorbei am Einstieg des Normalweges auf die Cima Tosa und über den Unteren Tosagletscher gelangt man, die Brenta Bassa umgehend, zur Tosa-Hütte.

● **31**   Die Abschnitte
2. „Sentiero Otto Gottstein"
3. „Sentiero Arturo Castelli"
4. „Sentiero Carla Benini de Stanchina"
5. „Sentiero Bartolomeo Figari"
führen als Weg Nr. 305 von der Tosa-Hütte über die Scharte „Bocchetta del Campanile Basso" (Guglia di Brenta) zur „Bocca degli Armi". 3 st.

Von der Tosa-Hütte auf Weg Nr. 318 zur Scharte „Bocca di Brenta". Von dort nordseitig hinunter, bis man, rechts haltend, zu der Leiter in den Felsen der Brenta Alta gelangt. Dies ist Weg Nr. 305, welcher drahtseilversichert über ein Band in der W-Flanke der Brenta Alta und schließlich zur „Bocchetta del Campanile Basso" führt. Hier wechselt man auf die Ostseite, kommt an der Einstiegswand des „Campanile Basso" (= Guglia di Brenta)-Normalweges vorbei, quert an der „Sentinella" vorbei und erreicht ein Felsband, das durch die Ostseite des Campanile Alto führt. Ansteigend erreicht man ein ziemlich ebenes, in den Fels gehauenes Band, kommt in eine Schlucht und verfolgt dann ein bequemes, aber ausgesetztes Band, das den Torre di Brenta umgeht und fast über die ganze Länge seilversichert ist. Von einem Vorsprung des Torre di Brenta führen schließlich mehrere Eisenleitern hinunter auf die „Bocca degli Armi".

Von hier aus bestehen für den Weiterweg zwei Möglichkeiten: Entweder

● **32** 6. „Sentiero S.O.S.A.T.", 2¹/₂ st, von der „Bocca degli Armi" zur Tuckett-Hütte. Von der „Bocca degli Armi" über den Gletscher „Vedretta degli Sfulmini" hinunter und an der Alimonta-Hütte vorbei. Man trifft bald auf den Weg, der von der Brentei-Hütte (von links) heraufkommt. Schließlich führt ein Riß in der S-Wand der Punta di Campiglio auf ein großes Band, das die ganze S-Wand quert, bis man, nördlich umbiegend, eine tiefe Schlucht erreicht. Nun über Schutthänge und durch ein Labyrinth von großen Blöcken. Weiter über Bänder, unter dem Gletscher „Vedretta di Brenta inferiore" vorbei und nach einer Schlucht zum Weg hinauf, der nach links zur Tuckett-Hütte führt.

Oder:

● **33** 7. „Sentiero Umberto Quintavalle"

8. „Sentiero Mario Coggiola"

9. „Sentiero Mamma Foresti"

10. „Sentiero Enrico Pedrotti",

die nacheinander von der „Bocca degli Armi" über die Schulter der Cima Brenta zur „Bocca di Tuckett" führen, 4¹/₂—5 st. Von der „Bocca degli Armi" über den Gletscher „Vedretta degli Sfulmini" hinunter, an den Wänden der Cima degli Armi und dann der Cima Molveno entlang, bis zur Tafel „Sentiero Umberto Quintavalle". Längs einer Reihe fixer Seile und einer Leiter erreicht man die nördliche Schulter der Cima Molveno. Mit Hilfe weiterer fixer Seile und einer zweiten Leiter steigt man ab zur Scharte zwischen Cima Molveno und „Spallone dei Massodi", 2790 m, von der nach beiden Seiten steile Eisrinnen hinabführen (im Spätsommer wegen Steinschlag und Blankeis gefährlich). Wenn man nach Norden absteigt, stößt man auf Wegtafeln, wo auch der Weg „Sentiero Oliva Detassis" einmündet, welcher von der Alimonta-Hütte heraufführt und von dort aus den Abstieg ermöglicht, ohne die Eisrinne benützen zu müssen. Dieser Abschnitt ist unter Nr. 12 beschrieben.

Über eine Reihe von Leitern empor und mit Hilfe fixer Seile jenseits in nordwestl. Richtung hinab zur Scharte zwischen „Spallone dei Massodi" und dem Massiv der Cima Brenta, 3002 m, die man über eine luftige, etwa 30 m lange Leiter erreicht. In wilder Umgebung über verschiedene Schärtchen, dann über Stufen auf die Schulter der Cima Brenta, 3020 m. (Hier stand vier Monate lang das Zelt des Bergführers Pietro Vidi, Stützpunkt für die Wegbauarbeiten. Es ist geplant, an dieser Stelle einen kleinen Unterstand für Bergsteiger zu errichten.) Von der Schulter führt ein breites Band nach links zu einem leichten Weg auf den Gipfel. Die Durchquerung setzt sich jedoch nach rechts fort, an der Tafel „Sentiero Mamma Foresti" vorbei. Es folgen zahlreiche Bänder und drei Schneerinnen. Bei der letzten sind fixe Seile sowohl im Fels als auch im Schnee angebracht, damit man, je nach Verhältnissen, wählen kann. Nach den Schneerinnen folgen ausgesetzte Bänder unter den gelben Dächern, von wo aus man unten bereits den Orsi-Weg erkennt. Man erreicht das „Garbari-Band", welches die Cima Brenta von Osten nach Nordwesten in etwa 3000 m Höhe umzieht. Am Ende des Bandes über leichte Stufen, Leitern und fixe Seile hinunter zur „Bocca di Tuckett".

● **34** 11. „Sentiero Alfredo Benini", von der „Bocca di Tuckett" zum Grostè-Paß (Seilbahn) 3–3½ st. Von der „Bocca di Tuckett" durch einen Kamin und über mehrere Geröllstufen empor. Der Steig umgeht den Gipfelaufbau des Dente di Sella, wendet sich bei einer Markierungsstange nach rechts und führt östlich hinauf. Es folgt ein mäßig steiles Gletscherfeld, das von zwei kurzen Felsabsätzen durchzogen ist. Man wechselt auf die Ostseite, benützt Terrassen-

Bänder des Campanile di Vallesinella, ersteigt eine gut gesicherte Felsnase und erreicht über Rinnen und Absätze den höchsten Punkt des Weges, 2900 m. Leicht fallend wird die Wand der Cima Falkner durchquert, dann führt der Weg über ein seilversichertes Band entlang des Campanile dei Camosci, über die „Bocca dei Camosci", 2770 m, und umgeht fast gänzlich die Cima Grostè an deren Nordfuß. Schließlich mäßig steil über großflächige Karrenfelder in nordwestlicher Richtung abwärts an den Liftanlagen vorbei zum Grostè-Paß mit seiner Seilschwebebahn.

● 35 12. „Sentiero Oliva Detassis" 1 st, von der Alimonta-Hütte zur Scharte zwischen Cima Moleno und Spallone dei Massodi („Bocchetta dei Massodi"). Die Gebrüder Detassis, maßgeblich an Projektierung und Ausbau der Steiganlagen beteiligt, widmeten diesen Abschnitt ihrer Mutter, stellvertretend für alle Mütter bergsteigender Kinder.
Von der Alimonta-Hütte den Gletscher „Vedretta dei Brentei" hinauf. Oben biegt man nach rechts um in Richtung der Schneerinne, die von der „Bocca dei Massodi herabzieht. Um der Steinschlaggefahr dieser Rinne zu entgehen, befinden sich die Leitern in den gelb-schwarzen Wänden des Spallone dei Massodi. Über Bänder und natürliche Terrassen gelangt man zu den Wegtafeln unweit der Scharte und trifft mit den Steigabschnitten Nr. 7 und 8 zusammen.

● 36—39 frei für Ergänzungen.

IV. Gipfelanstiege

DAS TOSA-MASSIV

I

● 40 Das Tosa-Massiv ist das wichtigste, eindrucksvollste und aus der Ferne am meisten auffallende der Brenta-Gruppe. Es umfaßt die Berge zwischen Crozzon di Brenta und Val delle Seghe und bietet für Kletterer und Bergwanderer lohnende Ziele.

● 41   Cima Tosa, 3173 m
Der höchste und wohl am meisten besuchte Gipfel der Brenta-Gruppe, nach fast allen Seiten mit eindrucksvollen Wänden abbrechend. Die Gipfelhochfläche trägt eine mächtige Firn-

haube. Prächtige Aussicht auf die Brenta-Gruppe und die benachbarten Presanella- und Adamelloberge.

● **42 Normalweg** (G. Loß und Gef. 1865), I, eine Stelle II, 350 m, 2—2¹/₂ st E, 3—3¹/₂ st von der Tosa-Hütte.

Von der Tosa-Hütte auf Weg Nr. 304 an der Brenta Bassa und Cima Margherita vorbei. Nun links wendend zum Tosagletscher hinauf, der der Cima Tosa im SO vorgelagert ist. Wo die Wandabstürze am niedrigsten sind, befindet sich links von einem vorspringenden kleinen Felssporn ein schwarzer, meist nasser Kamin. In ihm (schwierigste Stelle) oder an der rechten Wand (schöner und einfacher!) empor. Weiter über Schrofengelände (Steinmänner) zum Firngrat und nach links zum Gipfel.

● **43 Normalweg über die S-Flanke** (A. Migotti allein 1886), I, 300 m, 1¹/₂ st E, 2¹/₂ st von der Agostini- oder Zwölf-Apostel-Hütte.

Man steigt in die Felsen nördl. der „Bocca d'Ambiéz" und hält sich etwas auf die Seite, die zum Gletscher „Vedretta dei Camosci" schaut. Über Steilstufen und unschwierige Rinnen zu einem Gratabsatz (Steinmann). Nun wird ein langes Stück des gut gestuften Grates verfolgt, dann hält man sich nach rechts in die Flanke, die zum Ambiézgletscher abbricht, bis zu einer langen, auffallenden Rinne, die meist naß ist. Deshalb etwas links davon über unschwierige, kurze Stufen, bis eine Schulter unter dem Gipfel erreicht wird. Von hier einen kurzen Schneehang hinauf zum Grat, der nach rechts zum Gipfel führt.

● **44 S-Rinne** (Perghem u. Haindl 1911 im Abstieg, Graffer und Gef. 1932 im Aufstieg). Die vom Gletscher „Vedretta d'Ambiéz" emporziehende Rinne wird sehr selten begangen. Steinschlaggefahr.

● **45 SSW-Wand** (B. Detassis und E. Castiglioni, 1933), IV, 300 m, 4 st E. Fast durchwegs guter Fels. Gerade, ideale Linienführung, die sich an einen auffallenden, schwarzen Wasserstreifen hält, jedoch nur im Hoch- bzw. Spätsommer zu empfehlen, da sehr dem Schmelzwasser vom Gipfel ausgesetzt. Elegante Kletterei.

Vom Gletscher „Vedretta dei Camosci" auf das breite Schuttband, das sich oberhalb des SW-Sockels horizontal in die Wand hineinzieht. Auf ihm nach links zum Einstieg, der sich etwa 20 m rechts des auffallenden, schwarzen Wasserstreifens befindet.

Zuerst gerade hinauf, bis man schräg links aufwärts über steilen Fels zum erwähnten schwarzen Streifen abgedrängt wird, dann gerade hinauf in Richtung eines kleinen Kessels. Von hier nach links zu einem senkrechten Riß, der an einem kleinen Band endet. Weiter hinauf über eine steile Wand, die von einem Überhang abgeriegelt ist. Nun benützt man wieder den Fels im schwarzen Wasserstreifen. Durch einen meist nassen Riß, der in einem 40 m hohen Kamin die Fortsetzung findet, erreicht man ein geräumiges, brüchiges Band und folgt dem Kamin noch etwa 30 m, quert dann 12 m nach rechts zum Beginn eines Risses. Dieser wird verfolgt, bis weniger steiles Gelände und bald die Gipfelfirnhaube erreicht wird.

● **46 SW-Wand** (F. Solina u. A. Aste 1962), V u. VI, 300 m, 6 st E. Die Erstbegeher benötigten 10 Haken und benannten die Tour nach der Stadt Brescia, der Heimatstadt Solinas („Via città di Brescia").

Wie bei R 45 auf das breite Schuttband. E etwa 100 m links dieser Führe, wo die Wand leicht konkav und überhängend ist. Zunächst einen Vorbau über grauen Fels (H) hinauf bis zu zwei gelben Flecken (VI), dann quert man von der Mitte des ersten nach links zu grauen Platten, die in die Nähe einer gelbgrauen Rippe führen (VI). Jetzt etwa 8 m gerade hinauf und Querung nach links bis außerhalb der besagten Rippe. Nun direkt aufwärts und dann im Zickzack zum Beginn eines Rißkamines, der die Richtung des Aufstieges bestimmt. Noch zwei kurze Seillängen, eine fallende Querung nach rechts über gelben, brüchigen Fels und dann gerade empor. Im Verschneidungsgrund durchklettert man den Kamin bis zu den unschwierigeren Felsen, dann über den Schnee zum Gipfel.

● **47 SW-Wand** (Armani u. Gasperini — Medaia 1936), IV, 300 m, 5 st E. Dieser Weg bietet interessante und genußreiche Kletterei und befindet sich rechts einer Schlucht, die sich zwischen Crozzon und Tosa zum Gletscher „Vedretta dei Camosci" herabzieht. Der lange, auffallende Kamin vermittelt oben den Durchstieg.

Wie bei R 45 auf das breite Schuttband und bis an sein nördl. Ende, wo unschwieriger Fels über eine Art Pfeiler zum Beginn einer senkrechten Wand hinaufleitet. Von hier quert man etwa 3 m nach rechts, um einen nassen Riß zu erreichen.

Der Riß, zuerst schmal und sehr schwierig, weiter oben als Kamin, vermittelt den weiteren Anstieg bis zu den Gipfelschrofen. Auf ihnen bald zur Gipfelfirnhaube und zum höchsten Punkt.

● **48 W-Rinne** (A. de Falkner, E. T. Compton, A. Dallagiacoma, M. Nicolussi 1892).
Diese Rinne fußt im Gletscher „Vedretta dei Camosci", links von R 47. Nicht empfehlenswert, Steinschlaggefahr.

I

● **49 N-Eisrinne,** „Canalone della Tosa" (V. Neri allein 1929), Schwierigkeiten von den Verhältnissen abhängend; 900 m, 3—5 st E.
Die zwischen den Nordabstürzen der Cima Tosa und des Crozzon di Brenta eingelagerte, etwa 50° steile Eisrinne ist die längste und steilste in den Dolomiten. Begehung nur im Frühsommer ratsam, da später beachtliche Blankeiszonen auftreten. Der eindeutig vorgezeichnete Weg bietet die Hauptschwierigkeiten am Bergschrund, dessen obere Wand bis zu 5 m hoch sein kann.

I

● **50 NO-Wand** über **Torre Gilberti** (G. Livanos, Marc Vaucher, R. Lepage 1962), V und VI, A 2, 800 m. 10—12 st E.
Der Torre Gilberti ist ein großer, kühner Turm, der losgelöst, der NO-Wand der Cima Tosa vorgelagert ist. Sein Gipfel wurde anläßlich der Erstbegehung der direkten NO-Wand der Cima Tosa (R 52) von B. Detassis und E. Castiglioni 1933 betreten. Die Erstbegeher der NO-Wand über den Torre Gilberti verwendeten etwa 65 H, die Standhaken inbegriffen. Unter den schneebedeckten Terrassen am Fuße des Torre Gilberti bildet die Wand einen deutlichen Sporn. In der rechten, der N-Rinne zugekehrten Flanke befindet sich der E bei einem dreieckigen, schwarzen Fleck. Etwa 80 m durch einen Kamin, dann nach links aussteigen. Nach Überwindung unschwieriger Felsen wieder nach rechts, etwa 30 m aufwärts. Dann erneut lang nach links in der linken Flanke, die zu einer Art gelbem Turm gehört, in Richtung zu einer Kaminreihe. Diese führt zum höchsten Punkt des Spornes (bis hierher III und IV). Nach Überwindung des ersten Schneefeldes über eine kleine Wand auf das zweite Schneefeld, auf dem man nach links an den Wandfuß des Torre Gilberti quert. In der Wandmitte etwa 50 m gerade aufwärts und anschließend

20 m nach rechts queren. Man ersteigt nun einen kleinen, roten Pfeiler (2 H) und quert weiter nach rechts zu einem bequemen Band. Über ein kleines Dach und eine kurze, senkrechte Wand (VI, A 2) auf ein zweites Band (7 H). Nun über die überhängende Wand etwa 30 m hinauf (VI, dann IV, 3 H) zu einer großen Terrasse. Im Grund einer Verschneidung empor. Man verläßt sie nach links und erreicht einen schuttbedeckten Absatz der Kante des „Torre Gilberti" (3 H). Durch einen 40 m hohen Riß auf einen zweiten Absatz. Von hier 15 m gerade empor über einen kleinen Überhang (H). Nach links haltend werden die leichteren Felsen erreicht, die auf den Gipfel des „Torre Gilberti" führen. Ohne Schwierigkeit hinunter zur Scharte. Von hier entweder den Kamin der R 52 empor, oder, wenn dieser sehr naß sein sollte, nach zwei Seillängen etwa 50 m an der linken Kante hinauf (IV) und durch Querung (V, 2 H) zurück in den Kamin, der zum Gipfelaufbau führt.

I

● **51 NO-Wand** (G. B. Piaz, M. Michelson 1911), IV, einige Stellen V, 800 m, 8 st E. Dieser erste Anstieg durch die gewaltige NO-Wand bietet großartige Kletterei in wilder Felsszenerie, ist allerdings ziemlich steinschlaggefährdet.

Vom Kessel des obersten „Val Brenta Alta" zu dem am höchsten hinaufreichenden Schneekegel in der Fallinie des „Torre Gilberti", links des großen Pfeilers am Beginn einer nach Norden gerichteten Kante. Von dem Schneekegel, den man passieren sollte bevor die Sonne die Wand erreicht, nach rechts in eine lange Kaminreihe, die durch Verengungen und eingeklemmte Blöcke eine sehr interessante Kletterei bietet. Das den Ausstieg sperrende Dach vermeidet man durch Querung nach rechts in einen Parallelkamin, der enger und weniger tief ist und auf einen Schuttrücken der Kante führt. Ein glatter, nach links gerichteter kurzer Kamin leitet an den Fuß des „Torre Gilberti". Von hier über steile, schuttbedeckte Stufen zum Beginn der großen, schrägen Rinne, die die ganze obere Wand durchzieht und ständig schneegefüllt ist. Man wählt eine weiter links liegende Rinne in Wandmitte und kommt, immer schräg links haltend, durch einen wenig steilen Kamin und ein kurzes Stück an einer Kante auf einen von der Wand losgelösten Felskopf und von ihm zu einem Schneekessel. Über demselben in einen Kamin, der rechts die Wand durchzieht und zu einem Einschnitt in einer Rippe führt. Man steigt, über dem Einschnitt spreizend, empor (H) und weiter, schwach überhängend, die Wand hinauf. Unschwierig im Zickzack bis zu einem schneebedeckten Band. Auf diesem Querung nach rechts bis zu einer seichten Rinne und zu einer Rippe. Diese verfolgt man ein Stück und hält sich dann nach links, wo unschwierige, brüchige Felsen zum Gipfelaufbau führen.

I

● 52 **Direkte NO-Wand** (E. Castiglioni, B. Detassis 1933), IV und V, 800 m, 5—8 st E. Abwechslungsreiche, großartige Kletterei. Im oberen Wandteil hebt sich der Torre Gilberti ab. Die Rinne zwischen ihm und der Wand vermittelt den Durchstieg im oberen Wandteil.

Zunächst in den Kessel des obersten „Val Brenta Alta", von wo der Wandfuß erreicht wird. E dort, wo der Firn (Schutt) in einer konischen Wandeinbuchtung am weitesten hinaufreicht. Zuerst durch einen tiefen Kamin, der bald überhängend wird. Nach 40 m verläßt man ihn durch den rechten Ast, um ein Band oberhalb von Überhängen zu erreichen. Von hier wenige Meter nach links, einen anstrengenden Überhang mit kompaktem Fels überwindend, um einen Riß, der sich bald zu einer breiten, glatten Rinne weitet, zu erreichen. Nun einige Seillängen durch Rinnen und Risse hinauf zu einem weiteren Band am Beginn einer tiefen Rinne, die oben von einem großen Dach, an dem links ein auffallendes Türmchen zu sehen ist, abgeschlossen ist. Nun ein kurzes Stück an der Seite des Türmchens durch einen Riß hinauf, um ihn durch eine schmale Öffnung zu verlassen, worauf man durch einen kurzen Kamin den Gipfel des Türmchens erreicht. Dann einige Meter durch einen schrägen Riß, anschließend links über eine steile und glatte Wand zu einem weiteren Kamin. Zuerst durch den Kamin, dann durch eine Folge glatter Rinnen auf eine Terrasse unterhalb einer hohen, überhängenden Wand (Steinmann). Zwischen der Wand und einem Turm umgeht man eine überhängende Kante, dann durch einen Riß und gleich darauf durch eine Verschneidung zum Beginn einer langen Reihe von glatten Platten, die hinaufleiten zum Fuß der gelben Wand des „Torre Gilberti". Jetzt schräg links aufwärts durch eine etwa 60 m lange, brüchige Rinne, dann etwa 100 m in gleicher Richtung weiter zum Beginn der Schlucht, die rechts, zwischen Tosa-Wand und Torre Gilberti, hinaufzieht (Steinschlaggefahr!).

Hier gabeln sich die Rinnen-Systeme; man benützt den rechten Ast. Anfangs tief und eng, nach 60 m in schöner Kletterei im Kamingrund immer weniger schwierig aufwärts in die Einschartung zwischen Cima-Tosa-Wand und Torre Gilberti (dessen Gipfel über eine Kante ohne besondere Schwierigkeit bestiegen werden kann). Von der Einschartung nach rechts zu zwei Furchen, die man spreizend bis zu einem senkrechten Kamin überwindet, der nach etwa 120 m zur Gipfelhaube führt.

I

● 53   NO-Wand (C., B. u. G. Detassis 1962), IV u. V, 680 m, 5—7 st E. Großzügige Freikletterei in gutem Fels, die am besten im Spätsommer durchgeführt wird.

Aus der Schneerinne, die auf die Bocca Margherita führt, gegenüber der Kante der Cima Margherita einen Kamin eine Seillänge gerade hinauf zu einer Terrasse. Durch einen anderen Kamin zu einer weiteren großen Terrasse. Von hier aus auf einem Band etwa 5 m nach links und über einen überhängenden, brüchigen Wandteil hinauf. Von hier an wird der Fels fester; nach etwa 25 m folgt eine Terrasse, wo losgelöste Blöcke unter einer großen Verschneidung liegen. Man verfolgt diese Verschneidung bis zu einem Haken, überwindet nach rechts einen Überhang und folgt dann einem Riß, bis die Felsen unschwieriger werden und man am Ende der Verschneidung eine Terrasse erreicht. Über einen schwarzen Riß zu einem Standplatz (Steinmann). Nun 5 m nach links, dann gerade hinauf bis zu einem großen Band, auf dem man weiter etwas nach links quert (Steinmann) und gerade hinauf über eine Reihe von Kaminen unter eine schwarze Wand, die man von unten aus, durch ein schwarzes Dach geschlossen, sieht. Gerade empor bis wenige Meter neben eine nasse Nische. Schräg links aufwärts auf ein Band, welches bis zu einem Pfeiler verfolgt wird (2 H und 1 H in der Querung).

Jetzt 2 Seillängen weiter gerade hinauf zu einer gelben Nische (Steinmann) und nach 20 m auf ein Band (Steinmann). Über unschwierige Felsen nach links wird ein höherliegender Gendarm umgangen und über einen Riß die große Terrasse erreicht, welche die ganze Wand durchzieht und wo sich eine große Höhle befindet. Man quert auf der Terrasse nach

rechts und kommt zu einem Kamin, der etwa 90 m durchstiegen wird bis zu einem Block, der ihn schließt. Er wird
durch eine kurze Querung nach rechts überwunden, dann
gerade empor bis zu einer Terrasse. Nach etwa 60 m zum
Grat.

I

● **53a Neue NO-Wand** (C. Barbier, J. Bourgeois 1965), IV
und IV+, 800 m, 5—8 st E.

Schöne, geradlinige Route in gutem, meist festem Fels. Die
Erstbegeher verwendeten nur 1 Haken und 3 Legschlingen.
Aus dem Kessel des obersten „Val Brenta Alta" zum höchsten Firnrand und links einen schrägen Kamin (II) und
leichte Rinnen hinauf bis auf die Spitze eines angelehnten
Vorbaues. Nun über eine 6 m hohe, leicht überhängende
Wandstelle, dann leichter gerade empor, teilweise den schwarzen Wasserstreifen folgend auf ein breites Band. Weiter 2 Seillängen durch einen tiefen, schwarzen und nassen Kamin, der
schwieriger aussieht, als er ist. Es folgt leichtes Gelände bis
auf ein breites Band unter der Gipfelwand. Von hier eine
Seillänge durch eine Verschneidung auf ein Band. Auf diesem
15 m nach rechts, wo unter der Kante, bei einer Sanduhr,
Stand gemacht wird. Nun gerade empor zu kleinem Standplatz. Weiter bis unter einen überhängenden Aufschwung, der
am rechten Ende überwunden wird (Sanduhren). Von dem
guten Standplatz aus klettert man schräg links empor zu
einem kleinen Band unter einem Überhang der Kante. Links
der Kante führt eine 15-m-Verschneidung zu gutem Stand.
Durch eine 35-m-Verschneidung (Legschlinge) gelangt man
wieder auf die Kantenschneide. Rechts um die Kante und
gerade hoch (IV+) auf eine Terrasse. Von hier schräg rechts
empor, dann Querung nach links (H) und über einen Überhang zu geneigterem Fels. Nach einer weiteren Seillänge erreicht man den Gipfelgrat.

I

● **54 O-Grat** (G. u. A. Schulze 1901 im Abstieg, J. Ostler,
G. Jahn, O. Laubheimer 1903 im Aufstieg), II, 350 m,
3 st E. Dieser Grat bietet lohnende, luftige und landschaftlich
sehr eindrucksvolle Kletterei. Er beginnt in der Scharte zwischen Cima Tosa und Cima Margherita („Bocca Margherita",
2720 m).

Von der Scharte etwas nördl. ansteigend auf ein nach rechts führendes Band und auf diesem in den Spalt, der den ersten vom zweiten Gratturm trennt. Den Spalt überspreizend zu einem kleinen Standplatz an der O-Seite des zweiten Gratturms. Nun durch einen überhängenden Kamin auf den Grat und über diesen zum nächsten Grataufschwung, der waagrecht nach rechts um eine Kante umgangen wird. Durch einen langen, oben weniger steilen Kamin wieder auf den Grat, der bis unter einen mächtigen, überhängenden Gratturm verfolgt wird. Auf einem Band links hinaus und in brüchiger Querung um die unterste Kante des Turmes, auf das sich nun breit fortsetzende Band. Die erste vom Hauptgrat nach S herabziehende Schlucht überschreitend auf ein Schärtchen und durch dieses in die nächste, meist schneegefüllte Schlucht. Durch diese bis zum oberen Ende, dann links haltend hinauf zum Grat, der zum Gipfel leitet.

I

● **54a Variante zum O-Grat** (G. Merzbacher, B. Nicolussi 1885). Die „Bocca Margherita" kann auch von N (Brentei-Hütte) durch ein brüchiges, meist schneegefülltes Couloir erreicht werden. Steinschlaggefahr!

● **55 Rechter O-Pfeiler** (B. Detassis, G. Graffer 1937), V, einige Stellen VI, 300 m, 7 st E. Abwechslungsreiche und interessante Kletterei.
E links der O-Wandführe bei einem Felszacken in der Mitte des Pfeilerfußes. Durch einen Riß 15 m hinauf in eine kleine Nische. Dann 2 m schräg nach rechts und senkrecht weiter (H) auf ein Band. Nun etwa 30 m schräg links hinauf über einen Überhang und durch eine Verschneidung mit schwarzem Fels zu einer kleinen Terrasse und einem Band (Steinmann), das sich 20 m rechts der nassen Rinne befindet, die den rechten vom linken O-Pfeiler trennt. Jetzt 20 m gerade hinauf, dann an spärlichen Griffen nach links queren, um einen kleinen Absatz zu erreichen. Von diesem etwa 30 m schräg rechts aufwärts zu einem Band, wo die Pfeilerkante ansetzt. Über sie in eine rote und brüchige Verschneidung, die etwas überhängt. Nach 4 m in der Verschneidung verläßt man sie nach rechts, um die Gipfelrinne und durch sie bald die Schrofen zu erreichen.

● **56 Linker O-Pfeiler** (P. Graffer, S. Ruffo 1939), IV, 300 m, 5 st E. Auch dieser O-Pfeiler bietet eine lohnende Kletterei in fast durchwegs festem Fels. Die tiefe Rinne, die die beiden O-Pfeiler trennt, gibt im unteren Teil die Richtung an.

In der Wand links dieser Rinne eine Verschneidung hinauf. Über einen Überhang (H) zu einer bequemen Nische. Durch eine Verschneidung 40 m hinauf (Steinmann) und Quergang nach rechts in eine weitere Verschneidung, die für zwei Seillängen benützt wird. Dann 20 m durch einen Kamin hinauf (Steinmann); anschließend schräg nach rechts aufwärts zu einer Kante (Steinmann), die bis zu einem breiten Band verfolgt wird. Von ihm durch einen sehr engen und überhängenden Riß (sehr schwierig!), dann über mehrere Überhänge auf ein Band, das 3 m nach rechts bis zu einer Verschneidung verfolgt wird. Durch diese und über grauen Fels hinauf und schräg rechts weiter auf eine Terrasse nahe der Kante. Nach Überwindung einer grauen Wand in eine gelbe Nische, von dieser eine Seillänge auf die Gipfelschulter. Anschließend über den Schneegrat zum höchsten Punkt.

● **57   SO-Kante** (M. Demez, F. Glück, H. Jackson u. Gef., 1933), V, 300 m, 4 st E. Die Kante hebt sich wenig links vom linken O-Pfeiler ab, dessen Schönheit die Kletterei der SO-Kante in den Hintergrund treten läßt.

● **58   Abstieg über den Normalweg:** Vom Gipfel (von dem aus sich der Firngrat zum Crozzon nördl. absenkt) östlich schräg hinab in die Felsmulde. In ihr bis zum Abbruch. An diesem entlang nach rechts queren, bis der Kamin erreicht ist. Unter ihm nahe den Felswänden (bei schlechter Sicht) den Gletscher hinunter.

● **58a   Abstieg nach S** (Normalweg von der Agostini- oder Zwölf-Apostel-Hütte). Vom Gipfel südl. den Firnrücken hinab, vor dem letzten Firnhöcker links abschwenken zu den Randfelsen. Die richtige Rinne ist jene, durch die man genau gegenüber das senkrechte O-Wand-Profil der Cima d'Ambiéz erblickt.

I Cima Tosa und Crozzon di Brenta mit Brentei-Hütte von Norden
I = Cima Tosa, II = Crozzon di Brenta, BM = Bocca Margherita.
1 = R 54a, 2 = R 54, 3 = R 53, 3a = R 53a, 4 = R 52, 5 = R 51, 6 = R 50, 7 = R 49, 8 = R 67, 9 = R 66, 10 = R 65, 10a = R 65a, 10b = R 65b, 11 = R 64a, 11a = Steinkötter-Einstieg, 12 = R 64, 13 = R 63.
Foto: G. Pedrotti

● 59   Crozzon di Brenta, 3135 m

Der Crozzon di Brenta ist der der Cima Tosa nördl. vorgela-
gerte und mit ihr durch einen Grat verbundene Felskoloß, der
aus dem oberen Brentatal als Riesenpfeiler mit mächtigen
Steilwänden emporwuchtet. Er besteht aus drei Gipfeln,
deren höchster der nördlichste ist. Auf ihm befindet sich seit
einigen Jahren die Biwakschachtel „Ettore Castiglioni", eine
Aluminium-Holz-Konstruktion mit 6 Matratzen und Decken.

● 60   **Normalweg** (K. Schulz, M. Nicolussi 1884), 1$^{1}/_{2}$ st von
der Cima Tosa, 4$^{1}/_{2}$—5 st von der Tosa-Hütte.

Vom Gipfel der Cima Tosa gegen N über einen steilen Firn-
hang hinab zu einer auffallenden Schulter am Grat, der sich
zum Crozzon fortstreckt. Von dieser Schulter über die brüchigen Felsen des Grates und, absteigend, auf der W-Seite in
die erste Einschartung. Durch eine Schneerinne, immer auf
der W-Seite, zum Fuß eines Gratturmes und weiter zur niedrigeren Scharte, welche Tosa und Crozzon trennt. Über steile,
aber unschwierige Felsen zu einem auffallenden, horizontalen
Band, welches durch die SW-Flanke des ersten Vorgipfels
führt, den markanten W-Grat kreuzt und schließlich eine
Schneerinne erreicht. Durch diese zur Scharte vor dem ersten
Gipfel des Crozzon, der über gut gestuften Fels erreicht wird.
Durch eine steile Wand in der N-Seite direkt zu einer weiteren Scharte hinab und von hier über brüchigen Fels zuerst
ziemlich steil, dann gestufter hinauf zum zweiten Gipfel. Nun
lange über eine Kante nach W hinunter zu einem System
enger Bänder und Querung der N-Wand zu einer Scharte.
Von hier in schöner Kletterei über eine steile Wand zum
Hauptgipfel.

● 61   **W-Wand** (B. Detassis, E. Castiglioni 1933), IV, 600 m,
5—6 st E. Der Anstieg verläuft durchwegs etwas rechts der
Gipfelfallinie und bietet eine lohnende und interessante Kletterei in meist gutem Fels.

E am rechten Ende der großen Terrasse, die sich am Wandfuß befindet. Durch eine meist nasse Rinne über den ersten
überhängenden Aufschwung. Dann 30 m über die rechten
Felsen auf ein schmales Band, auf ihm nach links, über weniger schwierige Stufen und weiter über eine schwarze Wand
zum Beginn eines 150 m langen Risses (Steinmann). Durch
diesen über mehrere anstrengende und sehr schwierige Stellen hinauf und durch einen Kamin auf ein Band.

Nun schräg rechts hinauf zu einem weiteren Band, wo sich die Wand wiederum senkrecht aufschwingt, gekennzeichnet durch einen auffallenden schwarzen Streifen. Etwa 40 m entlang des Steilaufschwunges nach rechts, dann 60 m in herrlicher Kletterei über kompakten Fels, etwas links haltend auf einen kleinen Absatz. Links davon über einen gelben Überhang, dann über eine sehr ausgesetzte Wand 30 m, und schließlich schräg links aufwärts zu schwarzem Streifen unterhalb eines hohen Überhangs. Links des schwarzen Streifens durch eine bequeme Rinne bis unter eine geschwungene Wand. Man überwindet einen Überhang und hält sich anschließend in Richtung eines Bandes, von dem rechts ein weiterer Überhang erklettert wird. Dann über eine Wand und weniger schwierige Stufen in eine Rinne, die zu den Gipfelschrofen leitet.

● **61a Variante zur W-Wand** (M. Armani, G. Giuliano 1933), im Mittelstück empfehlenswert.
Man steigt etwa 100 m rechts des Originalweges ein und erreicht diesen bei einem Felsturm am oberen Ende des 150 m langen Risses. Wo man auf dem Originalweg das große Band erreicht (um nach rechts zu queren), hält sich die Variante etwas links durch kurze Kamine und Wandstufen mit gutem Fels.

● **62 W-Wand** (G. Livanos, R. Lepage, M. Vaucher 1961), VI, 600 m, 4—6 st E. Die Erstbegeher verwendeten 75 Haken (Standhaken inbegriffen). Sie biwakierten einmal in der Wand. Die Wand befindet sich rechts der N-Kante über dem Gletscher „Vedretta dei Camosci". In ihrem Mittelteil eine hohe, graue Wand zwischen zwei gelben, überhängenden Wandzonen, die auf einer großen, von unten gut sichtbaren Terrasse enden. E in der Fallinie dieser Terrasse.
Man quert auf der großen Terrasse, über die man zum E der R 61 gelangt, nach links und steigt durch einen etwas schrägen Kamin auf eine weitere Terrasse. Ohne Schwierigkeiten zur nächsten Terrasse. Von ihr aus schräg nach links querend an den Fuß eines losgelösten, kleinen Turmes. Von diesem Turm aus quert man nach links in eine Verschneidung (VI, A 1, 5 H). Diese verfolgt man (5 H), quert dann nach rechts und steigt weiter aufwärts bis unter einen gelben Überhang. Weitere Querung nach rechts und über ein kurzes, senkrechtes Wandstück auf die große Terrasse, die sich am Fuße einer

roten Wand befindet (Biwak der Erstbegeher). Vom Biwakplatz 10 m nach rechts und etwa 12 m aufwärts. Nach links querend in eine rote Verschneidung, welche auf das Band unter der Gipfelwand führt (VI, A 2, A 3, 32 H). Das Band verfolgt man nach links und klettert durch einen meist nassen Kamin, der zu den unschwierigen Felsen leitet, die zum Gipfel führen.

I

● 63 **N-Kante** (A. Schulze, F. Schneider 1905), IV—, zwei Stellen IV+, 900 m, 4—6 st E. Eine der am häufigsten begangenen Führen in der Brentagruppe, guter Fels. Die heute gebräuchliche Führe (schon die Zweitbegeher Nieberl / Klammer vermieden, nach der ersten Steilstufe über die Geröllrampe in weiter Rechts-Links-Schleife zu gehen und fanden einen geraden Anstieg) entfernt sich kaum mehr als 30 m von der Kante. Von der Brentei-Hütte, dem geeignetsten Stützpunkt, sind nur wenige Teile der Führe einzusehen.

E dort, wo das feine Geröll am höchsten in den Fels am Fußpunkt der Kante hinaufreicht und von diesem eine Einbuchtung gebildet ist (deutliche Trittspuren). Zuerst einige Meter gerade hinauf, dann in einer schwach ausgeprägten Rinne links aufwärts, bis von links nach rechts aufwärts ein schmales, gestuftes Band in den Kaminwinkel leitet. Dann wenige Meter durch den Kamin zu gutem Stand, wo sich der Kamin in zwei auseinanderlaufenden Rissen fortsetzt. Man benützt den linken, der durch eine etwa 10 m hohe Plattenstufe (1 H) aufwärts zieht, und erreicht gut gestuften Fels. Auf diesem schräg rechts hinauf, wo ein enger, 8—10 m hoher Kamin von links nach rechts hochzieht. Durch diesen wiederum auf gut gestuften Fels, der, etwas links haltend, auf die nächste Steilstufe führt. Durch diese auffallend schwarze Wand ziehen zwei Kamine. Man benützt den linken, der schräg nach links hinaufleitet. Auf Schrofen und Geröll gerade hinauf zu einem gelbgrauen, fast senkrechten Kantenaufschwung. Rechts der Kante zieht ein Rißkamin, der sich einmal verengt, hinauf. Nach diesem erreicht man eine große Geröllterrasse, zu der ein breiter Kamin aus der O-Wand heraufzieht und eine auffallende Scharte an der Kante bildet (nur zur Orientierung). Rechts der Kante vermittelt ein breiter, tiefer Kamin den weiteren Anstieg. In ihm etwa 30 m bis zu seinem oberen Ende hinauf. Nun auf einer breiten Leiste 10—15 m an der Steilwand horizontal nach links, bis ein etwas verdeckter Riß schräg rechts hinaufzieht. Durch ihn auf gut gestuften Fels. Die nächste Steilstufe wird ebenfalls nahe der Kante durch einen Kamin überwunden. Damit ist der Beginn des höchsten und steilsten Kantenaufschwungs erreicht, der von einem riesigen, schon von unten sichtbaren Kamin durchrissen ist. Auf deutlichen Trittspuren nach rechts, wo eine seichte Verschneidung hinaufzieht. Nach etwa 15 m bis 20 m horizontal nach links (20 m) zu Haken, und an steilem Fels schräg nach links hinauf zum Beginn des obengenannten Kamins. Zuerst an der rechten Wand hinauf, dann in den mit einem Klemmblock abgesperrten Kamin. An der linken Wand durch einen teils überhängenden Riß (IV+, mehrere H) in den Grund des nun sehr breiten Kamins zu gutem Stand. Dann auf einen großen Klemmblock und über die rechte Kaminwand auf gut gestuften Fels. Nun nach links um die Kante in die NO-Wand, wo gestufter Fels auf ein Band emporleitet. Die letzte Steilstufe wird ebenfalls links der Kante, zuerst über eine gut griffige Platte, dann durch einen Kamin überwunden. Über den anschließenden, wenig geneigten Grat ohne Schwierigkeiten zum höchsten Punkt.

I

● **64   NNO-Verschneidung** (A. Aste, M. Navasa 1959), VI+, A 3, 850 m, 10—16 st. Diese Führe benützt die lange, auffallende Verschneidung, die allerdings sehr weit rechts des Gipfels die Nordkante erreicht. Die Erstbegeher biwakierten zweimal in der Wand und verwendeten 100 Haken, wovon nur 3 belassen wurden, und 5 Holzkeile. Aber schon nach der 3. Begehung, die in 13 st durchgeführt wurde, befanden sich die meisten der benötigten Haken in der Wand.

E bei zwei großen Felsen, die an der Wand lehnen. Wenige Meter rechts davon einen grauen Riß hinauf und weiter über andere Risse und kurze Wandstellen ohne besondere Schwierigkeiten bis zu einer großen, überhängenden Platte. Durch diese läuft ein schmaler, horizontaler Riß. Querung 15 m nach links (sehr schwierig). Der Riß wird allmählich zum Band, das bis zum Ende verfolgt wird. So gelangt man zum Anfang einer langen, schwarzen Rißverschneidung in etwa 80 m Höhe (deutlich sichtbar schon von der Brentei-Hütte aus). Man ersteigt den Riß und gelangt, über unschwierigen Fels nach links querend, unter die großen Wände der Verschneidung. (Bei Rückzug: Von hier aus ist es möglich in leichter Kletterei auf Bändern nach links zu queren und die Castiglioni-Variante, R 65 a, zu erreichen.) Nun über unschwierige Kamine gerade empor und dann, etwas links haltend, auf ein großes Band (1. Biwak der Erstbegeher). Vom Band aus im einzigen dort vorhandenen Riß bis zu einem dachartigen Überhang aus schwarzgelbem Fels. Dort, wo der Riß endet, noch einige Meter gerade hinauf. Dann quert man nach links bis zu der Stelle, wo das Dach gespalten ist. Hier wird es überwunden (VI). Über dem Dach guter Stand. Weiter über eine überhängende Verschneidung bis zu einem breiten Band. Über eine unschwierige Wand empor zu einem kleineren, aber bequemen Band (2. Biwak der Erstbegeher).

Von hier aus ist die Verschneidung vollkommen regelmäßig. Ihre gelb-schwarzen Wände sind eindrucksvoll. Die Führe verläuft nun fast völlig auf der rechten Wand der Verschneidung mit großer und ständiger Schwierigkeit, wobei einige Überhänge überwunden werden (gute Standplätze). Danach wird der Fels grau und rissig. Man verfolgt die steilen, aber technisch gut kletterbaren Risse, bis man die Nordkante erreicht, der man auf den Gipfel folgt.

I

● **64a NO-Pfeiler** (J. Frehel, D. Leprince-Ringuet 1965), VI und VI+, 800 m, 8—12 st E.

Diese Führe, deren Hauptschwierigkeiten sich auf einige Seillängen konzentrieren, bietet Freikletterei in festem Fels. Trittschlingen sind nicht erforderlich, wohl empfiehlt sich aber die Mitnahme einer Reepschnur zum Nachziehen des Rucksacks.

Die Erstbegeher benützten zunächst die unter R 65 a beschriebene Variante, um dann über Bänder nach rechts zu queren bis zur NNO-Verschneidung (R 64) und von rechts des markantesten Teils des Pfeilers gerade emporzuklettern. (Die erwähnten Bänder und Variante R 65 a werden zweckmäßig bei einem evtl Rückzug benützt.) Noch großzügiger und idealer in der Linienführung wird die Pfeilerführe durch Verwendung des hier beschriebenen Einstiegs, der vom 1965 erfolgten Direktversuch der Seilschaft H. und V. Steinkötter stammt.

E rechts eines etwa 50 m hohen schiffsbugähnlichen Felsvorsprungs. Durch eine Rinne gelangt man zu Schuttbändern und nach links zu einem Kamin. Darin einige Meter empor, dann Querung nach links und über ein kleingriffiges Wandl zu gutem Stand. Nun zuerst linkshaltend, dann gerade empor zu gutem Stand. Von hier durch einen feinen Riß und am Ende nach links zu Stand. Jetzt immer etwas linkshaltend weiter zu einer Querung an glatter Platte und durch eine Verschneidung, zuletzt um Eck zu Stand. Nun eine Seillänge gerade hinauf, dann leicht rechtshaltend über plattigen, aber griffigen Fels zwei Seillängen hoch bis auf ein großes Band. Durch einen Riß auf eine breite Rampe und diese nach rechts zu Steinmann. Kurz dahinter über Wandl in eine von links nach rechts hochziehende Rinne (Standhaken). Nun weiter rechts haltend über einen Absatz zu gutem Stand. Von hier 3 m hoch zu einem Zacken. Von ihm schräg rechts auf einen Absatz und durch eine Verschneidung zu Stand auf dem nächsten Absatz. Nun quert man etwa 25 m nach rechts, etwas absteigend und trifft bei einem Dach mit der Führe der Erstbegeher zusammen.

Das Dach wird außen überwunden. In herrlicher Kletterei weiter zu einem Band, auf ihm 5 m nach rechts und durch einen feinen Riß, später über eine Wand leicht rechtshaltend zu Stand auf einer Schuppe (40 m, VI, 2 H, 2 Schlingen). Nun 6 m gerade empor (Holzkeil) und Querung nach links zu Stand an einem Köpfl. Gerade weiter, dann leicht rechtshaltend auf einen Absatz und zu Stand auf einem etwas höher gelegenen Absatz. Nun links weiter durch einen Riß und einen Überhang umgehend auf ein Band. Hier schräg links empor zu Stand auf einem Band unter einem Dach. Weiter 6 m nach links ums Eck querend und etwa 20 m eine glatte Platte gerade emporkletternd, erreicht man einen Stand. Über griffarmen Fels schräg links, dann gerade hoch bis unter ein Dach und nach links zu Stand. Ein Riß führt gerade empor auf einen großen Absatz mit Blöcken und nach rechts ums Eck erreicht man Stand. Nun 3 m durch einen Kamin, dann gerade empor über eine schwarze Wand, Querung nach rechts und dann wieder direkt hoch bis zu einem kleinen Absatz. Jetzt linkshaltend drei Seillängen bis dorthin, wo man nach links in die Schlucht blicken kann. Von dort etwa 35 m waagrecht zu Stand. Von hier schräg rechtshaltend zu Stand in einer Nische und weiter nach rechts zu leichteren Felsen. Drei Seillängen, immer leicht linkshaltend, dann durch einen Kamin zu Stand auf einem großen Band. Drei weitere

Seillängen immer am Pfeiler hinauf zu einem weiteren Band, weiter über die Kante auf den Grat und über diesen zum Gipfel.

I

● **65 NNO-Wand** (P. Preuß, P. Relly 1911), IV, 800 m, 4—6 st E. Sehr lohnende, eindrucksvolle Tour in fast durchwegs gutem Fels. Im Frühsommer nicht zu empfehlen.

Am unteren Auslauf der N-Eisrinne der Cima Tosa zu der am tiefsten reichenden Kaminreihe. In ihr etwa 50 m hinauf und dann im linken Nachbarkamin weiter. Über weitere Kamine und Risse links zu einem Schuttplatz, von dem aus mehrere Kamine weiterleiten. Durch den zweiten von links hinauf, einen nach links zu einem schmalen Riß. Diesen 3 m hinauf und Querung nach rechts. Erst ein Stück in einen Kamin hinauf und dann über eine Rampe. Nach rechts auf einen Standplatz. Über eine Wand, oben durch einen kurzen Kamin, wird ein großer Schuttplatz erreicht. Von hier wird ein breites Band nach rechts verfolgt, um den Pfeiler herum und auf seiner N-Seite eine Rinne hinauf, die meist Schnee hat, bis über die Höhe des Pfeilers hinaus. Dann nach rechts über Bänder und Platten auf das höchste Band unter dem mittleren, glatten Gürtel, der bereits von unten als fraglichste Stelle der Tour erscheint (hier mündet die Variante 65 a). Auf einem nassen Band in Richtung eines gewölbten Wandgürtels, der über eine 40 m hohe, senkrechte und sehr kleingriffige Wand überwunden wird, und zwar in Richtung eines Kamins. Durch einen überhängenden Riß in weniger schwieriges Gelände und bald auf ein breites Band. Auf ihm etwa 100 m nach links, eine Wasserrinne überschreitend. Etwa 15 m links der Rinne schräg rechts hinauf in die schluchtartige, meist eisgefüllte Rinne. Durch sie hinauf, bis sie sich zum Kamin verengt. Nun auf einem Band nach links um mehrere Felsvorsprünge, bis man die Cima Tosa sehen kann. Von hier über Schrofen und Bänder längs einer Wasserrinne hinauf. Weiter oben wird eine überhängende Stufe links überwunden; schließlich, weiter links haltend, auf das Gipfelplateau.

I

65a Variante zur NNO-Wand (E. Castiglioni, S. Conci 1920), IV, 400 m, 2—3 st E. Dieser Weg führt gerade empor zu dem mittleren, glatten Wandgürtel.

Vom Firnkegel, der am höchsten in die Felsen der Wandmitte hineinspitzt, über eine glatte Wand, eine nicht sehr steile Rinne und wenig schwierigen Fels in einen kleinen Kessel. Durch diesen hinauf, über einige kleine Überhänge bis zu einer steilen Rampe mit grauem Fels. Sie leitet schräg rechts aufwärts zu einer Wand, die von einem langen, engen Kamin durchzogen ist.

Dieser wird über eine glatte Platte erreicht und anschließend (sehr anstrengend) durchklettert, bis er am Fuße einer roten, überhängenden Wand endet. Nun weiter durch einen etwa 100 m hohen, senkrechten, meist nassen Kamin, der eine prächtige Kletterei bietet, einige Überhänge überwindend, um die große Felseinbuchtung in Wandmitte zu erreichen. Über Wandstufen hinauf in das Zentrum derselben, dann rechts haltend auf ein Band, über dem sich ein senkrechter Wandgürtel befindet. Nun weiter wie bei R 65.

I
● 65b **Ausstiegs-Variante zur NNO-Wand**, nur bei Schlechtwetter von Interesse.
Vom Beginn des Bandes, auf dem sich die Originalführe (R 65) 100 m nach links wendet, hält man sich schräg rechts aufwärts und gelangt durch eine Reihe kurzer Kamine auf die letzten Steilaufschwünge der N-Kante.

NNO-Wand, Variante Sepp Bräu/Sepp Bauer, 1968, IV, 300 m, 2—3 st.
Nach dem letzten Steilaufschwung nicht nach links in die NO-Wand, sondern gerade hinauf durch einen 30-m-Kamin, den man nach rechts verläßt, zu kleinem Standplatz. Von dort über Schrofen zu einem 40-m-Kamin, der bis zu seinem Ende verfolgt und nach links verlassen wird auf ein großes Band. Man quert dann etwa 120 m in die NO-Wand bis zu seinem Ende (gute Biwakmöglichkeiten). Dort 20 m hinauf zu einer Geröllhalde und von dieser nach einer Reihe kurzer Kamine linkshaltend auf den höchsten Punkt.

I
● 66 **NO-Wand „La via delle guide"** (B. Detassis, E. Giordani 1935); VI—, 750 m, 6—9 st E. Eine der elegantesten Freiklettereien der Ostalpen. Fast durchwegs fester Fels, ideale Linienführung. Die Route bewegt sich zwischen den beiden auffallenden schwarzen Streifen, die über die NO-Wand herunterziehen, teilweise berührt sie den rechten.

Wie bei R 65 zu der Kaminreihe. E. links der Preuß-Route, etwa 20 m unterhalb des höchsten Schneekegels in Gipfelfallinie, gekennzeichnet mit rotem Punkt und Routennamen. Durch einen Kamin und durch Risse schräg rechts aufwärts zu einer Verschneidung mit zwei Klemmblöcken. Man überwindet dieses Hindernis linksseitig; dann nach rechts zum Beginn eines engen Risses. Durch den Riß und über eine Reihe von Vorsprüngen etwas rechts haltend hinauf zu einem Band, das sich durch die ganze Wand zieht. Von hier gerade weiter zu einem Kamin, den man durch ein Loch verläßt, worauf ein Band bei den beiden obengenannten schwarzen Streifen erreicht wird. 2 m rechts davon durch einen schräg links aufwärtsziehenden Riß, dann gerade hinauf, rechts an Überhang vorbei und in eine rötliche Nische. Von hier hält man sich links in Richtung einer Verschneidung, durch sie hinauf zu einer kleinen Terrasse. Weiter etwas links haltend zu einem Geröllabsatz unter dem großen Überhang, der schon von unten zu sehen ist.

Zuerst 5 m gerade hinauf, dann 4 m nach rechts auf ein schmales Bändchen und schräg hinauf zu einer weiteren Verschneidung, die in einer rötlichen Nische endet. Nun nach rechts, anschließend 40 m gerade hinauf und schräg nach links zu einer anderen, überhängenden Verschneidung. Durch sie hinauf zu einem Absatz, von wo die geneigtere Wand mit geringeren Schwierigkeiten etwa 50 m begangen werden kann. Nun zu einem Absatz, bei dem sich eine weitere rötliche Nische befindet (Büchse mit Eintragungen der Wandbegeher). Nun ist noch ein 80 m hoher Wandgürtel zu überwinden. In den ersten 40 m werden die Überhänge rechts überwunden, worauf man sich wieder nach links hält, um bald die unschwierigen Gipfelfelsen zu erreichen.

I

● **67   O-Wand** (A. Miotto, G. u. R. Graffer 1933), IV, 600 m, 4—5 st E. Dieser Weg führt nicht auf den Hauptgipfel, sondern auf den ersten Gipfel nach S (Richtung Cima Tosa). Trotzdem stellt er eine bedeutende Kletterei dar.

Durch den unteren Teil der N-Rinne der Cima Tosa empor bis zu der Stelle, wo der Schnee nicht mehr bis zu den Felsen reicht. Links eines großen, schrägen Kamins 3 m empor in dessen Grund. Weiter nach links zu einer Kante, die unter ein gelbes Dach führt. Nun nach links und in einer überhängenden Verschneidung 6 m schräg rechts empor zu gelben Felsen. Diese werden durch eine Querung nach rechts umgangen. Über unschwierige Felsen auf ein großes Band. Von hier nach links zu kleinen Wassergufeln und schließlich zu einem Wasserfall. Von dort schräg links aufwärts bis zu einer Nische, die rechts überwunden wird. Nun 20 m sehr schwierig empor bis zur Höhe des Wasserfalles. Hier quert man nach rechts zu einem weiten Kamin, der in unschwieriger Kletterei auf den ersten Gipfel des Crozzon führt.

● **67a Neue O-Wand** (G. Livanos, R. Lepage, R. Romanetti 1965), VI—, 700 m, 10—15 st E.
Durch den unteren Teil der N-Rinne der Cima Tosa empor bis in halbe Höhe zwischen den ersten beiden Bergschründen. Von hier durch eine Reihe von Rissen der großen Verschneidung empor. Nach drei Seillängen werden die Risse schwieriger und führen zum Fuß einer Verschneidung. Über einen Überhang gelangt man in einen Riß, verfolgt eine Rißrampe und erreicht, rechts haltend durch einen brüchigen Riß guten Stand. Einen feinen Riß gerade empor und dann etwas linkshaltend durch eine Verschneidung 2 Seillängen zu Stand unter einer überhängenden Verschneidung. Nun Quergang schräg nach links abwärts (oben Irrhaken!) und ums Eck zu Pfeilerkante. Über diese bis in eine Nische und aus ihr heraus etwas nach links und gerade über guten Fels in leichtes Gelände und zu Stand auf einem Band bei einem Block. Von hier nach rechts ums Eck in eine Verschneidung und durch eine Reihe von Rissen und Verschneidungen zu gutem Stand. Nun nach links und hinauf auf ein Band. Querung nach links und über eine linksgeneigte Platte weiter und rechtshaltend in Wandkletterei und dann wieder nach links in eine kleine Nische. Über die Nische hinaus auf ein Band und auf ihm nach links. Dann über eine glatte Platte hinauf und in einer Schleife von links nach rechts auf ein breites Band. Nun nach links durch eine Verschneidung (30 m) unter eine überhängende Wand. Drei Seillängen weniger schwierig leicht rechts ansteigend bis unter ein breites „Amphitheater". Hier Querung nach links, dann über einen Überhang und rechtshaltend in den Kessel. Links durch einen Rißkamin 60 m hinauf und nach etwa 180 m leichter zum Gipfel.

● **68 Abstieg:** Übergang zur Cima Tosa, 1½ st, einzig empfehlenswerter Abstieg.

Von der Biwakschachtel gerade über die gut griffige südl. Stufe (etwa 50 m) hinab in die Scharte. Aus dieser nach rechts auf schmalen Bändern an den W-Grat der ersten Erhebung und über ihn zum Gipfel. Von diesem über eine weniger hohe Stufe in die zweite Scharte hinab. Diese verläßt man nach links über kompakten, griffigen Fels und erreicht bald den Gipfel der zweiten Erhebung. Nach einem weiteren Ab- und Aufstieg (überall deutliche Trittspuren) rechts durch eine Schlucht hinab, bis ein schmales, kurzes Band an die Kante leitet (Steinmann). Nun immer auf schmalen Bändern an der W-Seite in Richtung Cima Tosa. Dann in eine Scharte und von ihr nach rechts in eine meist eisgefüllte Rinne. In ihr etwa 10 m hinauf und auf einem Band nach rechts hinaus. Weiter auf Bändern, dabei etwas ansteigend, gegen die Schlucht zwischen Cima Tosa und dem letzten Turm des langen Grates. Eine gut griffige Steilrinne leitet zum Grat hinauf, über den man bald den firnbedeckten Gipfel der Cima Tosa erreicht. Von hier weiter wie bei R 58 und 58 a.

● **69**   **Cima Margherita,** 2845 m

Elegante Felsgestalt zwischen Cima Tosa und Cima Brenta Bassa, von der Cima Tosa durch die Bocca Margherita getrennt.

Normalweg (S. Yocca, B. und M. Nicolussi 1885), 1 st von der Bocca Margherita.

Von der Bocca Margherita einige Meter eine Kante hinauf, dann Querung nach links (gegen das Val Brenta) etwa 30 m bis 40 m über Bänder. Nun über brüchige Felsstufen und Bänder zum Gipfel.

● **70   N-Wand** (V. Frismon, H. Steinkötter 1963), VI+/A 3, 650 m, 10—15 st E.

Die Erstbegeher biwakierten zweimal in der Wand und verwendeten 50 Normalhaken, sowie 4 Bohrhaken. Die Hauptschwierigkeiten werden in freier Kletterei bewältigt.

Vom Weg 318 zwischen Brentei- und Tosahütte über Geröll und Schneereste zum Wandfuß. Etwas rechts (westl.) des tiefsten Punktes befindet sich der E. 10 m empor auf ein Band mit Steinmann und Stock. Im unteren Wandteil tauchen keine wesentlichen Schwierigkeiten auf und es gilt nur, auf Schuttbändern einigen Überhängen auszuweichen.

Zunächst hält man sich links, dann wieder rechts und kommt zu einem Kamin (Steinmänner). Dieser wird bis zu seinem Ende durchklettert. Nun auf einem Band 50 m nach links (Steinmann), über eine gutgriffige Wand 30 m gerade hinauf zu einem weiteren Band und auf diesem 20 m nach rechts zu Standplatz. Von hier 40 m über Überhang und Riß hinauf (2 H) auf ein großes Band und nach rechts bis zu Haken. Ab hier Beginn der Schwierigkeiten. Hierher kann man auch durch Hereinqueren von links nach rechts gelangen.

Vom Richtungshaken am Band klettert man schräg rechts empor und gelangt mit einer Schleife nach links in eine Nische. Aus der Nische rechts heraus zu einer Rißverschneidung und in ihr hinauf, dann nach rechts zu Stand. Nun Quergang nach rechts und durch einen Riß zu guten Standplatz. Weiter rechts hinauf und durch einen Riß, zuletzt nach rechts zu Stand. Jetzt nach links in eine weiße Verschneidung, in ihr hinauf und Quergang nach rechts. Fünf Meter empor (Bohrhaken) und linkshaltend zu Stand in einer Nische (30 m, VI+/A 3, 11 H). Aus der Nische heraus folgt man einem Riß, quert auf einer Leiste nach rechts und gelangt über eine kurze Wandstelle zu einem Absatz. Nun über kompakten Fels nach rechts zu einem Köpfl. Weiter rechtshaltend zu Stand auf einer Leiste. Von hier Quergang nach rechts und über eine kurze Wandstelle auf ein Band. Auf diesem 40 m nach links und über eine Schuppe und eine gelbe Wand, dann linkshaltend zu dürftigem Stand (Schlingenstand). Von ihm 5 m hinauf zu Überhang und nach rechts zu gutem Stand. Nun an feinem Riß empor und Quergang nach links in eine Rißverschneidung. Durch diese, später durch einen Riß weiter unter einen Überhang, dann links hinauf zu gutem Stand.

Von hier 5 m aufwärts, Quergang nach rechts und durch einen Riß nach rechts zu Stand. (Zweites Biwak der Erstbegeher.) Von hier einen Riß 10 m hinauf und linkshaltend zu Stand bei einem Köpfl. 2 m empor zu einer Leiste, Quergang nach links zu einem feinen Riß, der auf ein Band führt. Hier nach links zu Stand vor einer Rinne. Durch diese hinauf und nach rechts auf einen großen Absatz (Steinmann). Weiter durch die Rinne empor und von ihrem Ende nach rechts zu einem Felskopf, wo die Schwierigkeiten enden (Steinmann). Über den Nordgrat erreicht man nach etwa einer halben Stunde den Gipfel.

● **71 NO-Wand** (G. Stauderi, P. Migliorini 1934), V, einige Stellen VI, 450 m, 8 st E.

Diese Führe überwindet den auffallend gelben Wandabbruch. Sie ist weniger anziehend und in manchen Teilen gefährlich.

● **72 ONO-Wand** (E. Giordani, M. Delle Piane, M. Furlan 1942), IV, 400 m, 4 st E. In der breiten Flanke, welche die Cima Margherita gegen die Bocca di Brenta entsendet, befinden sich dicht nebeneinander zwei schwarze, parallel laufende Kamine. Der rechte vermittelt den Durchstieg.

Von der „Bocca di Brenta" quert man über den Schnee unter der Brenta Bassa an den Fuß der Cima Margherita. Etwa 50 m rechts des großen Felskessels am Wandfuß über Risse und Bänder auf den Vorbau. Dabei hält man sich rechts eines Wasserfalles, der aus der Richtung des linken Kamines kommt. Vom Band am Beginn der beiden nassen, brüchigen Kamine hält man sich an die rechte Seite des rechten Kamins (auch der linke Kamin kann benützt werden, doch schwieriger und unangenehmer) bis zu einer Verengung. Hier rechts heraus und über die Kante in einen Riß, der etwas überhängend ist und auf ein Band oberhalb der Kamine leitet. Von hier zuerst nach rechts, dann links über eine Kante und schließlich wieder nach rechts auf das Band, das sich über dem senkrechten Wandaufschwung befindet. Anschließend nach rechts in eine weniger schwierige Rinne, die zu den Gipfelschrofen leitet.

● **73 O-Wand** (P. Graffer, M. Friederichsen, A. Disertori 1936), IV, 300 m, 3 st E. Anregende Kletterei, die einer Serie von Rissen und Verschneidungen in der gelben Wand folgt, welche die Cima Margherita gegen die Brenta Bassa zeigt.

Wie bei R 72 zum E links der Kante zwischen O- und ONO-Wand. Links eines gelben Risses 25 m hinauf, über einen Überhang, dem nach 4 m ein weiterer folgt. Dieser wird links überklettert. In schöner Kletterei durch eine Folge von Kaminen bis zu einer Terrasse. Von dieser weiter über eine 40 m hohe, gelbe Verschneidung, welche über ihre linke Wand erstiegen wird. Sie führt auf eine kleine Terrasse (H), wo sie sich gabelt. Man folgt dem linken Zweig, der sich weiter oben zum Kamin erweitert und ohne besondere Schwierigkeiten zum Grat führt. Über unschwierige Felsen zum Gipfel.

II

● **74 SW-Wand, „Videsott-Weg"** (Videsott, Tasin 1926), III, 300 m, 3 st E. Trotz der nicht idealen Linienführung gehört diese Führe zu den am meisten begangenen und bietet ausgesetzte, anregende und elegante Kletterei.

Wo über dem unteren Tosa-Gletscher das Geröll am weitesten in die Felsen des rechten Wandteiles hineinragt, unschwierig über den Wandsockel hinauf. Hier setzt ein langer, tiefer Riß an, der schräg nach links in das Wandzentrum führt, wo ein horizontales Band fast durch die ganze Wand zieht.

Gleich nach Erreichen des Bandes etwas links haltend aufwärts über guten Fels (H). Dann ein wenig rechts haltend gegen eine Verschneidung. Diese wird durchklettert, anschließend weiter gerade hinauf bis zu einer kleinen Terrasse unterhalb eines gelben Überhanges. Von hier einige Meter nach rechts in einen kurzen Kamin und durch diesen hinauf zu gutem Stand. Nun durch kurze Kamine und Risse etwas links haltend zum Gipfel.

II

● **75 SW-Wand „Giordani-Riß"** (E. Giordani, M. Furlan 1942), V, 300 m, 3—5 st. Interessante, schöne Kletterei.

Vom unteren Tosa-Gletscher steigt man zu dem Kamin, der sich in Gipfelfallinie befindet. Durch diesen hinauf und weiter über unschwierigen Fels in eine gelbe Nische, über der sich ein überhängender Felsgürtel horizontal durch die Wand zieht. Etwas rechts der Nische hinauf, durch eine Art Verschneidung (schwierig) und anschließend nach links zu einem gelben Loch (H). Anschließend über die Wand hinauf zu dem großen Band, das horizontal fast die ganze Wand durchzieht. Man folgt dem Band 15 m bis zu einem 10 m hohen Kamin (Steinmann). Durch diesen hinauf und weiter über eine schwierige Wandstufe in Richtung einer gelben Nische (H). Anschließend etwas nach links, um die Risse zu erreichen, die den folgenden Wandteil durchziehen. Man überwindet sie zuerst etwas rechts, dann über eine kurze, aber sehr schwierige Wandstufe, um die Fortsetzung der Risse zu erreichen; ihnen folgend auf eine kleine Terrasse und schließlich etwas rechts haltend in eine 15 m hohe Rißverschneidung. Durch diese zu den Gipfelschrofen.

Il Cima Margherita, SW-Wand
1 = R 77a, 2 = R 76, 3 = R 75, 4 = R 74, 5 = R 77b.

II

● **76 SW-Wand „Detassis-Riß"** (B. Detassis, Maria Casé, G. Corrá, N. Bianchini 1932), V—, 300 m, 3½ st E. Sehr lohnende Tour, hervorragende Rißkletterei in gutem Fels.

Über den unteren Tosa-Gletscher zum E links der Gipfelfallinie. Durch einen schrägen Kamin 50 m hinauf zu zwei kleinen Terrassen. Weiter in eine Nische und links über einen

Überhang zum Beginn einer grauen, sehr schwierigen Wandstufe. Nun links haltend in Richtung einer kleinen Nische, dann Quergang einige Meter nach rechts zu einer weiteren Nische (H). Von hier neuerdings links haltend über einen Überhang auf das breite Band, das sich horizontal fast durch die ganze Wand zieht (bei Schlechtwetter-Einbruch kann man auf diesem Band links in die Bocca Margherita queren).

Auf dem Band 25 m nach rechts zu einem Steinmann am Beginn des langen, tiefen, senkrechten Risses, der sich durch den ganzen oberen Wandteil zieht. Im Riß hinauf bis zu einem großen Überhang (H), Querung vom dortigen Standplatz links in die Wand, um über sie wieder zurück in den Riß zu gelangen. Durch ihn, einige Überhänge bewältigend, nach 20 m in eine Nische. In gleicher Richtung sehr schwierig weiter auf eine schmale Terrasse (Steinmann). Anschließend durch einen Riß und weniger schwierig durch einen breiten Kamin zu einer weiteren Terrasse und von ihr rechts haltend über einige Stufen zum höchsten Punkt.

● **77 Abstieg** über den **Normalweg:** Die deutlichen Steigspuren lassen den Normalweg (R 69) im Abstieg leicht finden.

II

● **77a Abstieg** über den **W-Grat,** 1—1$^1/_2$ st, leicht zu finden. Vom Gipfel zuerst über den unschwierigen W-Grat mit einigen Gratzacken. Dann auf der N-Seite über Wandstufen und Platten hinab in Richtung Bocca Margherita, in die man über den letzten Abbruch am besten abseilt.

II

● **77b Abstieg** über den **O-Grat** (A. u. G. Schulze 1900), 1—1$^1/_2$ st. Besonders von Interesse für eine Überschreitung der Cima Margherita.

Vom Gipfel einige Meter über Bänder auf der S-Seite hinab, bis der Grat 60 m senkrecht abfällt. Auf einem breiten Band wechselt man auf die N-Seite, bis es durch eine breite Schlucht unterbrochen wird. Man seilt 12 m ab und verfolgt ohne besondere Schwierigkeiten weiter den Grat, der bald fast horizontal wird. Ein kleiner Gratturm wird auf der N-Seite umgangen und bald erreicht man die Einsenkung zwischen Cima Margherita und Brenta Bassa. Von hier über Geröll nach S hinunter auf den Weg zur Tosa-Hütte.

● 78   **Cima Brenta Bassa,** 2809 m

Die Cima Brenta Bassa flankiert südlich die Bocca di Brenta und ist mit der Cima Margherita durch einen Grat verbunden. Sie weist zwei Gipfel auf, den Haupt- oder NW-Gipfel und den SO-Gipfel.

● 79   **Normalweg** (A. de Falkner, E. T. Compton, M. Nicolussi, A. Dallagiacoma 1882), I, 200 m, 1¹/₂ st E.
Von der „Bocca di Brenta" durch eine Schuttrinne auf die erste Terrasse. Nun in einer Schleife rechts ausholend (auf der Seite des Val Brenta Alta) über Schrofenstufen und Platten bis hinauf zu dem Wandgürtel, der durch einen Kamin von links unten nach rechts oben bewältigt wird, um auf die zweite Terrasse zu gelangen. Nun ergeben sich zwei Möglichkeiten:
1. Entweder nach links auf die der Tosa-Hütte zugekehrte Seite durch eine flache Senkung zum SO-Gipfel und zur Scharte vor dem Hauptgipfel, der über eine kurze Wandstufe erreicht wird.
2. Der dunkle Wandabbruch des SO-Gipfels wird rechts umgangen, um die Mulde zwischen SO- und Hauptgipfel zu erreichen. Über diese zur Scharte und über eine kurze Wandstufe zum Hauptgipfel.

● 80   **O-Wand** (L. Treptow, H. Fohrer 1896), II, 250 m, 1¹/₂ st E. Sehr anregende Kletterei ohne besondere Schwierigkeiten.
Von der Tosa-Hütte in wenigen Minuten über Geröll an den Fuß der Wand, wo sich rechts des Wandsockels ein schwarzer Kamin befindet („Treptow-Kamin"). Durch ihn spreizend in anregender Kletterei auf die erste Terrasse. Etwas rechts, in Fortsetzung des ersten Kamines, folgen weitere Kamine, die auf die zweite Terrasse leiten. Von hier über gestuften Fels zum Gipfel.

● 81   **O-Wand** (A. Deye allein 1911), III, 250 m, 2¹/₂ st E. Interessante und oft durchgeführte Tour.
Den Durchstieg durch den Wandsockel vermittelt der rechte zweier auffallender, auseinanderlaufender Kamine im linken Wandteil. Man durchklettert ihn, bis er durch einen Überhang gesperrt wird. Jetzt quert man nach links zu einem schmalen Band und erreicht durch eine Wandaushöhlung die erste Terrasse. Wenig rechts steigt man in den nächsten Wandaufschwung ein, der am Rand einer langen Wandeinbuchtung ver-

läuft. Zuerst über steile Felsen unschwierig empor, später schwieriger bis zu einem Überhang. Man überwindet ihn nach links mit Hilfe kleiner, aber fester Griffe, und verfolgt weiter die Wandeinbuchtung oder benützt die Felsen rechts von ihr. Nach Überwindung verschiedener kleiner Überhänge auf die zweite Terrasse. Von hier rechts über unschwierigere Felsen zum Gipfel.

● **82 SO-Wand** (M. Pederiva allein 1924), III—IV, 250 m, 3 st E. Prächtige Kletterei. Ebenfalls oft durchgeführt.
Die Führe benützt den auffallenden, gelben Riß, der schräg links aufwärts den untersten Abbruch der SO-Wand durchzieht. Dieser Riß wird durchklettert bis zu einem guten Sicherungsblock. Von dort nach links und in dem nun tieferen Riß empor bis unter einen Überhang. Ausgesetzt, aber elegant nach links, und in der Fortsetzung des Kamins auf die erste Terrasse. Hier wendet man sich nach links und umgeht die SO-Kante; durch eine Rinne auf die zweite Terrasse und weiter gerade hinauf über die steile Gipfelwand zum Gipfel.

● **83 S-Wand „Via dei camini"** (B. Detassis, U. Battistata, R. Costazza 1938), III, einige Stellen IV, 250 m, 2 st E. Interessante Kletterei, besonders im oberen Teil.
Von der Tosa-Hütte in wenigen Min. zum SO-Sporn der Cima Brenta Bassa. Gleich nach der Kante über die tiefe Rinne und über der Tafel am Beginn des „Palmieri-Weges" durch den senkrechten, engen Kamin. An der linken Wand überwindet man den massigen Block, der ihn oben schließt. Vom ersten Band weiter in Richtung zweier kleiner Türmchen, wo links ein Kamin den Durchstieg zur zweiten Terrasse ermöglicht. Von ihr gerade hinauf in Richtung einer gelben, überhängenden Wand, unter der man nach links zu einem Steinmann quert. Weiter durch einen meist nassen Kamin auf eine dritte Terrasse unterhalb des Gipfelaufbaus. Durch eine anstrengende Verschneidung auf ein Band, auf ihm 2 m nach links und gerade weiter bis zu einem abgespaltenen Block. Von hier einige Meter nach links zum Grat, der zum Gipfel leitet.

● **84 SW-Wand** (M. Friederichsen, D. Quarti 1935), IV, 250 m, 2—4 st E. Die Route überwindet den unteren Wandteil, an dem der Weg Nr. 304 zur Cima Tosa vorbeiführt, links der Überhänge, etwas rechts der Stelle, wo die Felsen vom Gelben ins Graue übergehen.

Von der Tosa-Hütte verfolgt man den Weg Nr. 304 einige Min. und steigt dann kurz über Schutt an den Wandfuß. Etwa 60 m höher und etwas rechts der Stelle, wo die Felsen von gelb in grau wechseln, bemerkt man einen dachartigen Überhang. Man steigt in der Fallinie am linken Rand des Daches. Ein Aufschwung führt zum Beginn einer kleinen Verschneidung, die durch einen würfelförmigen massigen Block gebildet wird. Die Verschneidung führt auf ein Band, das über gelbe Felsen nach rechts zu einer schrägen Rampe führt. Diese Rampe wird erklettert bis zu einer Nische unter dem rechten Rand des großen Daches. Über eine zweite Rampe schräg nach rechts zur ersten Terrasse. Man durchläuft sie nach rechts etwa 40 m, sich gegen die Wandmitte haltend.
Dann in einer Wandeinbuchtung gerade hinauf, wo sich weiter oben ein Riß befindet. Über ihn wird die zweite Terrasse erreicht. Nun eine Rinne benützend, die zwischen den beiden Gipfeln herabzieht, in Richtung zu der Einschartung, von der aus bald zum Gipfel.

● 85 **WSW-Wand** (G. Bianchi, P. Prati 1926), III, 250 m, 2 st E. Von der Tosa-Hütte auf dem Weg Nr. 304 bis unter die Scharte zwischen Cima Brenta Bassa und Cima Margherita. Etwas rechts des Grates bemerkt man in der Wand drei parallele Kamine, die die Richtung anzeigen.
E dort, wo sich ein schwarzer Felssockel an eine rötliche Pyramide anlehnt. Durch eine Reihe von Kaminen und senkrechten Platten bis zu einem Gratfenster, durch das man zur „Bocca di Brenta" schaut. Von hier nach rechts über splittrigen Fels bis zum linken der drei erwähnten Kamine. Auf einem schrägen Band zu einer von unten gut sichtbaren Höhle. Rechts davon durch einen schräg nach rechts ziehenden Kamin. Man erreicht den mittleren, wo er sich teilt, und erklettert den linken Ast bis dorthin, wo der schwarze Fels rötlich wird. Querung nach links über ein schmales Band und über senkrechte Kamine, 50 m empor. Erneut nach links über Schuttbänder zu einer weiteren Kaminreihe und auf die zweite große Terrasse, wo sie mit dem Grat zusammentrifft.
Auf der Terrasse 150 m nach rechts bis zur Rinne zwischen den beiden Gipfeln. Durch Kamine zur Scharte und auf den Gipfel.

● 86 **WNW-Grat** (V. E. Fabbro allein 1913), III—, 250 m, 2½ st E. Ausgesetzte, schöne Kletterei. Der scharfgeschnittene

Grat baut sich aus der Scharte zwischen Cima Brenta Bassa und Cima Margherita mit drei großen, steilen Aufschwüngen auf, die durch zwei Schutterrassen unterbrochen werden.

Vom Weg Nr. 304 zur Cima Tosa nach rechts abbiegen und über Geröll in die Scharte zwischen Cima Brenta Bassa und Cima Margherita. Von dieser über eine schöne, griffreiche, etwa 25 m hohe Wand, um die Kante über unschwierigen Fels und durch einen 6 m hohen Kamin auf einen Absatz. Über eine 5 m hohe, griffarme Wand (schwierigste Stelle) auf eine kleine Terrasse. Von hier etwa 15 m nach links und dann nach rechts wendend in Richtung zu einem Gratabsatz (großer Steinmann). Auf der Südseite quert man die Terrasse etwa 100 m und steigt dann über kurze Felsstufen und eine Rinne zur Scharte zwischen den beiden Gipfeln.

● **86a Variante zum WNW-Grat** (M. Friederichsen, M. Bianchini 1940), IV, eine Stelle V. Diese Variante stellt die folgerichtige Weiterführung der R 86 in eleganter Kletterei an der Kante dar.

Von der zweiten großen Terrasse aus auf einen 10 m hohen Pfeiler, kurze Querung nach links, dann rechts aufwärts über kompakten Fels. Weiter bis unter einen gelben Überhang, von wo aus man auf eine kleine Kanzel steigt. Über unschwierigeren Fels auf eine große Terrasse. Einige Meter links der Kante gerade empor bis unter einen rötlichen Überhang. Man umgeht ihn nach rechts (schwierigste Stelle) und kommt auf eine kleine Terrasse. Von dieser nach links auf eine geräumigere Terrasse und von ihr über unschwierige Felsen gerade hinauf zum Gipfel.

● **87 N-Wand** (R. Costazza und S. Disertori 1938), III, 250 m, 2 st E.
Von der Tosa-Hütte über die Bocca di Brenta und nach links zum Wandfuß. Etwas rechts der Wandmitte einen 60 m hohen Kamin hinauf. Nach 20 m unschwieriger Felsen zu zwei Kaminen, von denen der linke auf ein Band führt. Auf einer Rippe 100 m empor und durch einen Kamin auf das letzte Band. Von hier eine schöne, kurze Wand zum Gipfel.

● **88 Abstieg.** I, 200 m, 1 st. Vom Gipfel in die kleine Scharte zwischen ihm und dem SO-Gipfel. Von dort auf der Val-Brenta-alta-Seite hinab, bis man rechts die oberste Terrasse erreicht. Von ihr vermittelt von links nach rechts unten ein Kamin den weiteren Abstieg. Von der zweiten (mittleren)

Terrasse über Schrofenstufen absteigend zur ersten Terrasse. Von dieser durch eine Rinne zur Bocca di Brenta, wenn die Brentei-Hütte als Stützpunkt dient, sonst über die in Schrofen (Firnreste) abfallende Terrasse zur Tosa-Hütte.

● 89 **Croz del Rifugio,** 2615 m

Kleine, aber elegante Felszinne neben der Tosa-Hütte, bestehend aus Vorgipfel, Hauptgipfel und Campanile Teresa. Er weist zahlreiche Routen auf und ist ein gern besuchter Berg.

● 90 **Normalweg** (H. Birch-Reynardson, I. und H. Kesteren, B. Nicolussi 1888), II, 150 m, 1 st E.

Rechts der Kante, die zur Tosa-Hütte abbricht, erst über Schrofen und Wandstufen schräg rechts, dann schräg links aufwärts, bis sich die Wand steil aufschwingt. Etwa 10 m rechts der Gratkante über zwei Aufschwünge schräg links aufwärts an die sehr luftige Kante. Anschließend über die Gratkante auf die große Schulter, über der der Aufschwung vor dem Vorgipfel zu sehen ist. Man benützt links ein breites Band, bis man gerade in die Scharte aufsteigen kann, die sich bereits am Aufbau des Hauptgipfels befindet. Zuerst über eine senkrechte Wandstufe, dann nach rechts in eine Rinne, dem Block, der sie sperrt, rechts ausweichend. Dann rechts durch einen glatten Kamin und wieder zurück in die Rinne, schließlich über unschwierigen Fels auf den Gipfel.

● 91 **NNO-Wand** (G. Detassis, M. Franceschini 1945), IV, 200 m, 3 st E.

Von der Tosa-Hütte aus links hinunter entlang der N-Wand bis zu einer großen Rinne, die in die Schutthalde mündet (Steinmann). Über unschwierigen Fels bis zu einer gelben Wand, die von zwei Rissen durchzogen wird. Zwischen beiden empor bis auf ein Band. Auf ihm 5 m nach links an den Fuß einer überhängenden Wand. Über einen Felszacken und schräg nach rechts über schwarzen Fels zu einer waagrechten Furche. Von hier kriechend nach rechts und ansteigend gegen eine kleine Terrasse. Weiter durch einen Riß, bis er sich schließt. Dort nach links zu einem Kamin, dann zu zwei anderen Rissen. Den linken benützend über eine gelbe Platte und zum Gipfel.

● 92 **NO-Kamin** (B. Piaz allein 1911), IV, 180 m, 1^1/$_2$ st E.
Nach Deye wurde dieser Kamin schon vor Piaz von Wenter durchstiegen. Abwechslungsreiche, interessante Kletterei.

Durch die ganze gelbe NO-Wand zieht zwischen Vor- und Hauptgipfel ein tiefer Kamin empor, der im unteren Teil verfolgt wird.

Über Felsbänder von der alten Tosa-Hütte bis zum Kamin. In anregender Kletterei über drei Klemmblöcke hinweg, bis er weiter wird und man spreizen kann. Dann an der linken Wand durch ein Loch bei einem großen eingeklemmten Block. Weiter an der linken Wand, dann Querung nach links zu einer schon von unten gut sichtbaren Verschneidung. Schräg ansteigend über etwas brüchigen Fels durch die Verschneidung bis zu zwei Parallelkaminen. Zuerst im rechten, dann im linken auf eine kleine Terrasse. Ein Felssporn wird links umgangen, dann über den Grat zum Gipfel.

● **92a Variante zum NO-Kamin** (G. Zanolli, E. Pontalti 1923). Statt nach links zu queren verfolgt man weiter den Kamin, der eine gelbe Wand aufweist, die ein enger Riß durchzieht. In einer Art Grotte unter dem Überhang, der den Kamin sperrt (H). Der später weiter werdende Kamin führt auf die Scharte zwischen Vor- und Hauptgipfel.

● **93 SW-Kante** (O. Gasperi, L. Casentini 1927), III, 150 m, 1½ st E. Prächtige, sehr oft begangene Führe.

E etwas links der Rinne bzw. Schlucht, die zwischen Hauptgipfel und Campanile Teresa eingelagert ist. Zuerst über eine gewölbte, glatte Platte. Anschließend weniger schwierig über einige Felsaufschwünge, etwas links haltend, bis unter eine auffallende gelbe Wandstelle. Auf dem Band etwas nach links, spreizend durch einen kurzen, senkrechten Kamin mit einem Klemmblock, dann 25 m über die Wand auf eine kleine Terrasse. (Hierher gelangt man auch, indem man von der auffallenden, gelben Wandstelle direkt durch eine Verschneidung emporklettert, III.) Schräg links aufwärts an die Kante. In einer kleinen Schleife zu einem weiteren Kamin und durch diesen zum Beginn einer Verschneidung. Am Ende der Verschneidung durch einen kurzen Kamin, dann über einen gutgriffigen Überhang, worauf unschwierige Felsstufen zum Gipfel leiten.

● **94 W-Kamin** (G. Graffer, S. Agostini 1929), IV, eine Stelle VI, 150 m, 2½ st E. Schöne Kletterei mit einem extremen Hindernis. Die Führe hält sich an den tiefen, senkrechten Kamin, der schon von der Hütte aus sichtbar ist und vom Hauptgipfel herabzieht.

Durch eine große Rinne nach 40 m zum Beginn der eigentlichen Wand. Nun rechts haltend hinauf bis unter das 3 m vorspringende Dach, das nur mit Hilfe von Steigschlingen und Haken bewältigt werden kann. Über dem Dach erreicht man den zuerst engen, dann breiten Kamin, der immer weniger Schwierigkeiten bietet und direkt am Gipfel endet.

● **95   Abstieg:** Vom Gipfel nach SW in eine Rinne hinab, die man nach links verläßt, um einen glatten Kamin zu durchklettern. Hinter dem Block, der die Rinne sperrt, verfolgt man dieselbe weiter und quert nach rechts, um über eine senkrechte Wandstufe in die Scharte zu gelangen. Ein breites Band führt nach links auf die große Schulter. In der SW-Wand leitet eine Reihe kurzer Kamine schräg links abwärts. Nach Erreichen der überhängenden Wandstufe seilt man sich 12 m auf ein Band ab (hier sollte der Seilerste das Abziehen des Seiles probieren!). Kurz unter der Abseilstelle beginnen die unschwierigen Schrofen.

● **96   SW-Kante des Campanile Teresa** (B. Detassis, P. Fox 1935), IV, 150 m, 1¹/₂ st E. Eine der schönsten und abwechslungsreichsten Führen im Massiv des Croz del Rifugio. Sie hält sich direkt an die markante Kante, die von der Hütte aus sehr eindrucksvoll erscheint.
Von der Hütte auf Steigspuren südöstl. hinüber zum tiefsten Punkt der Kante. Rechts der Kante befinden sich zwei Verschneidungen, die parallel verlaufen. In der rechten 25 m empor auf eine Terrasse und bald zur Kantenschneide. Nun schräg rechts über eine kleingriffige Wand auf eine weitere Terrasse. Zurück an die Kante, wo sich ein kleiner Absatz und eine gelbe Nische befinden. Weiter in der gelben Verschneidung 10 m hinauf, dann 2 m nach links in eine zweite Verschneidung, durch die man unschwierige Schrofen und bald den Gipfel erreicht.
Die markante Gratscharte überschreitend, durchsteigt man anschließend einen unschwierigen Kamin längs der Kante, der auf den Hauptgipfel führt.

● **97   W-Wand des Campanile Teresa** (S. Agostini, M. Friederichsen 1929), III, eine Stelle IV, 150 m, 1¹/₂ st E. Schöne, lohnende Kletterei, die durch die schmale Wand des Campanile Teresa führt, die von der Hütte aus sichtbar ist.
Von der Hütte auf Steigspuren zum Beginn der Schlucht zwischen Hauptgipfel und Campanile Teresa. Rechts von ihr

durch Risse auf ein Band am Fuße eines quadratischen Turmes an der Kante. Von hier verfolgt man eine lange Serie von Rissen, welche die ganze Wand leicht schräg von rechts nach links durchziehen. Am Anfang hängt der Riß ziemlich über, dann erweitert er sich zum Kamin und bietet eine abwechslungsreiche Kletterei bis zum Gipfel des Campanile Teresa. Von hier weiter zum Hauptgipfel wie R 96.

● **98**   **Monte Daino**, 2695 m

Großes Bergmassiv östlich des Croz del Rifugio, dessen Hauptgipfel von der Tosa-Hütte aus als mächtiges Felshorn sichtbar ist. Zwischen den beiden Gipfeln ist auf der W-Seite eine große Mulde, die „Busa del Daino" eingelagert.

● **99**   **Normalweg** (A. de Falkner, T. Compton, A. Dallagiacoma, M. Nicolussi 1883), I, 1—1¹/₂ st von der Tosa-Hütte.

Von der Tosa-Hütte auf Weg Nr. 326 ein Stück gegen den „Passo di Ceda", bis man den Croz del Rifugio umgeht. Über einen grasigen Schutthang aufsteigend quert man die Einsattelung zwischen Croz und Monte Daino. Von hier aufwärts über Schutt in die Mulde „Busa del Daino" auf der W-Seite des Berges. Nun die mühsame Geröllrinne hinauf in den Sattel zwischen Süd- und Nordgipfel. Von ihm nach links über den scharfen, grasigen Gratrücken zum Nordgipfel, nach rechts zum höheren Südgipfel.

● **100**   **NO-Wand** (B. Detassis, G. Corrà 1932), V, 400 m, 6 st E. Wegen des schlechten Felses weniger anziehend. Die Führe benützt lange die große Rinne, die die breite, zum Croz dell' Altissimo gerichtete Wand in der Mitte senkrecht durchzieht. Von der Tosa-Hütte auf Weg Nr. 319 bis in die Mulde des fast immer ausgetrockneten „Laghetto dei Massodi". Dann nach rechts an den Fuß des Monte Daino. Über unschwierige Felsen zu dem großen Kamin, der die Wandmitte durchzieht.

In ihm spreizend hinauf bis unter einen Überhang, der nach rechts umgangen wird. In einem engen Riß 4 m senkrecht auf eine geneigte Platte. Von hier schräg nach links zu einer Schutterrasse, auf der man nach rechts quert bis zu einer breiten Rinne, deren Felsen vom Wasser geglättet sind. Einer Reihe von Kaminen folgend und über unschwierige Felsabbrüche, links haltend, zu dem langen Kamin. Dieser wird durchklettert bis zu einem Überhang, den man, weit spreizend, überwindet. Man erreicht eine Nische; von dieser wiederum weit spreizend, gegen einen zweiten Überhang höher (H). Nach einer Querung einige Meter nach links auf eine dreieckige Terrasse (Steinmann und Karten der Wandbegeher). Bis zum letzten Steilaufschwung der Wand durch einen Kamin, noch einige kleinere Überhänge überkletternd. Über unschwierigere Felsen schräg nach rechts zu einer kleinen Terrasse. Einige Meter nach links zu einem schrägen Riß, der auf ein Band führt. Auf diesem Band etwa 6 m nach rechts, dann gerade empor zu zwei kleinen Nischen. Von hier zurück in den Kamin bis zu einem großen Klemmblock und über die Kante zu den Gipfelfelsen.

● 101 **SSW-Wand** (P. Fox, C. Cadler, G. Rizzi 1939), V+, 400 m, 6—8 st E. Die Wand beherrscht den Paß und das obere Val di Ceda. Die Führe befindet sich im rechten Teil der großen, gewölbten Plattenwand.
Vom „Passo di Ceda" (Weg Nr. 326) zum nahen E bei der letzten Grotte nach rechts. Von hier aus unschwierig schräg aufwärts in Richtung Wandmitte zu einem Verschneidungs-Trichter. Durch ihn aufwärts, über einige Überhänge hinweg, zu einer Terrasse, die schon von unten aus sichtbar ist. Nach links unter eine überhängende Wand und durch einen wenig markanten Kamin, der einige enge Stellen aufweist. Er wird durchklettert, am Beginn über einen großen Überhang, bis man 80 m eine kleine Terrasse erreicht. Hier nach rechts und über einen glatten Riß, der im Grunde naß ist, 40 m aufwärts zu Standplatz. Über die anschließende, unschwierigere senkrechte Wand empor bis zu einem Band und weiter durch einen Riß zu einer kleinen Terrasse. Von hier über brüchige Felsen in eine Schlucht, die unschwierig zum Gipfel führt.

● 102 **SSW-Wand** (M. Stenico, V. Bramani 1946), III u. IV, 400 m, 4 st E.
Vom „Passo di Ceda" (Weg Nr. 326) an den grasdurchsetzten Wandfuß, über dem sich die breite, glatte Wand aufbaut, welche links von einem tiefen Riß durchzogen wird. E etwa in Richtung zu diesem Riß und durch eine breite Verschneidung. Dann langsam nach rechts und über weniger guten Fels zu einem großen Wandabbruch. Links über einen großen Riß (manchmal naß) und später einen feineren benützend, welcher die Wand links eines Pfeilers durchzieht, auf ein

Band. Weiter den Riß verfolgend, werden, einige Überhänge überwindend, die unschwierigen Felsen, die zum Gipfel führen, erreicht.

● **103 Abstieg:** Vom Gipfel zum Sattel zwischen Nord- und Südgipfel. Nun in einer Geröllrinne zur Mulde „Busa del Daino". Weiter über Schutt zur Einsattelung zwischen Croz del Rifugio und Monte Daino. Einen grasigen Schutthang hinab und nach Umgehung des Croz del Rifugio auf den Weg, der zur Tosa-Hütte führt.

● **104 Cima delle Fontane Fredde,** 2203 m

Die weite, grasige Terrasse, die sich am Fuße des Monte Daino befindet, bildet einen weniger hohen Rand, der mit einer schönen, senkrechten Wand zum „Pian della Selvata" abfällt, auf dem die Selvata-Hütte steht. Zwischen Haupt- und SO-Gipfel zieht eine tiefe Schlucht herab. Von der Wand des SO-Gipfels losgelöst erhebt sich ein großer Gendarm, der Bimbo delle Fontane Fredde.

● **105 Normalweg:** Uninteressant, deshalb nur im Abstieg beschrieben.

● **106 NO-Wand** (E. Giordani, E. Castiglioni 1933), V, 400 m, 5 st E. Sehr interessante Kletterei, die lange dem feinen, senkrechten Riß folgt, der im oberen Wandteil gerade zum Gipfel zieht.

Von der Selvata-Hütte über Geröll an den Wandfuß. In Wandmitte, rechts des Punktes, wo die Felsen am weitesten herunterreichen, befindet sich eine Kaminreihe, die sich gleich über dem Einstieg dreiteilt. Im linken Ast über eine Reihe von Rissen auf ein Band, das nach links zu einer geräumigen Mulde führt. Über unschwierige Felsstufen an den Fuß der glatten Wand, die in ihrer ganzen Länge durch einen feinen Riß durchzogen ist. Die ersten 35 m ist er fast nicht sichtbar, später weitet er sich bis zum Kamin und wird durch ein großes Dach gesperrt. Man quert ausgesetzt nach rechts, dann wieder im Kamin bis zu einer kleinen Terrasse. Von hier im tiefen, aber engen und mühsamen Kamin höher. Ein Überhang wird entweder direkt überklettert oder in der linken Wand umgangen, ein zweiter durch ein enges Loch überwunden. Nach einem dritten Überhang in eine tiefe Schlucht, in der man 40 m höher steigt. Ein Überhang wird an der linken Wand umgangen und ein großer, eingeklemmter Block

III

● **111 WSW-Wand** (M. Comper, M. Pisetta 1962), VI+,
300 m, Zeit der Erstbegeher: 33 st.

Die Erstbegeher bereiteten den unteren Teil bei einem voran-
gegangenen Versuch in 16stündiger Arbeit vor und führten
die Erstbegehung mit 2 Biwaks durch. Sie benötigten 93 Haken, davon 13 Bohrhaken, und ließen 40 zurück.

Von der Agostini-Hütte auf Weg Nr. 320 zu den Felsen der
Cima Ceda Bassa. E links zweier Dächer, die schon von der
Agostini-Hütte gut sichtbar sind. Einige Meter über unschwierige Felsen schräg nach rechts in Richtung einer dünnen
Felsplatte, die an der Wand lehnt. Sie wird erstiegen, dann
quert man 6 m nach rechts. Nun schräg links zu einem Haken
und schließlich rechts querend an den Fuß einer 20 m hohen,
überhängenden Verschneidung, die bis zu einem Standplatz
durchstiegen wird (erstes Biwak der Erstbegeher). Weiter 7 m
nach rechts bis zu einem waagrechten Riß, welcher einen
gelben Überhang quert und den man weiter nach rechts etwa
10 m verfolgt, bis er sich schließt. Hier erreicht man 2 m
höher einen zweiten waagrechten Riß, der wiederum nach
rechts verfolgt wird, bis er sich am Beginn einer gelben, überhängenden Verschneidung verliert. Sie wird durchklettert,
bis sie durch ein Dach gesperrt wird. Rechts über eine Kante
bis unter ein gelbes Dach, das auf der rechten Seite überwunden
wird. Nun einige Meter über grauen, geschlossenen Fels und
weiter durch eine Verschneidung, bis sie bei schwarzen Felsen
gesperrt ist. Man umgeht sie über die rechte Kante der Verschneidung, die auf eine kleine Terrasse führt (zweites Biwak
der Erstbegeher). Von ihrem äußersten rechten Ende steigt
man in eine etwa 70 m hohe, kaminartige Verschneidung ein
und gelangt unter gelbe Überhänge. Jetzt durchsteigt man
einen 40 m hohen, gelben Riß und kommt auf einen Fels-
zapfen. Von hier nach rechts und einige Meter aufwärts. Dann
weiter rechts in eine Verschneidung, welche zum Gipfel führt.

III

● **112 SSW-Wand** (E. Castiglioni, V. Bramani, G. Bocca-
latte 1937), IV, 300 m, 3—4 st E. Ausgesetzte, sehr interessante und schöne Kletterei.

Rechts der unteren Überhänge steigt man in eine Rißreihe ein
und gelangt in schöner Kletterei nach einigen Seillängen
schräg nach rechts über die besagten Überhänge. Von hier

nach links durch einige Kamine quert man ansteigend die steilen, ausgesetzten Platten von bestem Fels, um in einen großen Kamin zu gelangen. Dieser wird durchstiegen bis zum Grat, über dessen unschwierige Felsen der Gipfel erreicht wird.

● **113   SW-Kamin des Südgipfels** (M. Armani, G. Giuliano, M. Lubich 1933), V, 300 m, 3—5 st E. Interessante Kletterei, die den von der Agostini-Hütte gut sichtbaren Kamin benützt, der die ganze Flanke des Südgipfels (das ist der rechte der drei Gipfel der Cima Ceda Bassa) durchzieht.

Von der Agostini-Hütte folgt man ein kurzes Stück dem Weg Nr. 320 und steigt dann über den Schutthang zur Wand empor. In dem Kamin, der im unteren Teil schräg nach links geneigt ist, aufwärts und über einige Überhänge, die durch eingeklemmte Blöcke gebildet werden.

Immer nach links, bis man senkrecht in eine Art Schlucht gelangt. Gelbe, brüchige Felsen links lassend, quert man dann 10—12 m nach rechts und erreicht wieder den Kamin im Grunde der Schlucht. Dieser ist jetzt bis zu 10 m tief eingeschnitten und drei große, eingeklemmte Blöcke müssen, außen spreizend, überwunden werden. Vom letzten Block aus zu einer kleinen Scharte und über eine kurze Wand auf den Pfeiler, der sich rechts anschließt. Von hier über die unschwierigen Felsen des Grates, der lang verfolgt wird, zum S-Gipfel und weiter über den Grat auf den Hauptgipfel.

● **114   SW-Wand des Südgipfels** (M. Friederichsen, I. Scarpa, E. DePerini, W. Sgorbati 1938), III, Einstieg V, 300 m, 2—3 st E. Klare, eindeutig vorgezeichnete Linienführung.

Im SW-Kamin einsteigend, wird dann immer die Verschneidung verfolgt, die sich rechts des Kamines befindet und durch die Wand und die sehr steile, schräg nach rechts gerichtete Rampe gebildet wird.

● **115   SW-Verschneidung des Südgipfels** (P. Fox, M. Friederichsen, C. Bolner 1942), IV, einige Stellen V und VI, 350 m, 5 st E. Sicher die interessanteste Route an der Cima Ceda Bassa.

Die Führe verläuft in der großen Verschneidung, die etwa 70 m über dem Wandfuß, rechts der SW-Wand und des SW-Kamins, beginnt. Wie bei R 113 zum E in den schwarzen Kamin, der in Richtung der großen Verschneidung führt. Nach seiner Durchsteigung quert man nach rechts über eine

Wand und erreicht ein Band am Beginn eines anderen Kamines. Auch dieser wird durchstiegen und führt auf eine
schuttbedeckte Terrasse am Fuße der großen Verschneidung.
Im Grunde derselben durch einen Kamin bis zu einer Gabelung. Der Weiterweg geht durch den linken Zweig, der überhängend beginnt und durch einen zweiten Überhang geschlossen wird. Nach Überwindung desselben bald auf die
Schulter und über den Grat zum Gipfel.

● 116 **S-Wand des Südgipfels** (M. Armani, E. Gasperini -
Medaia 1934), IV, 350 m, 3—4 st E. Sehr abwechslungsreiche
Kletterei in gutem Fels. Der Weg verfolgt eine Serie von
Rissen, die die Wandmitte des großen Felspfeilers durchziehen.
Von der Agostini-Hütte auf Weg Nr. 320, bis er am Wandfuß vorbeiführt. Man steigt nicht in den tiefen Kamin ein,
der nach rechts zieht, sondern in der Mitte der Wand in einen
engen Riß, der von einer losgelösten Platte gebildet wird
(Steinmann).
Der Riß wird über mehrere Bänder hinweg verfolgt, jedesmal
ein wenig nach rechts haltend. So kommt man zu einem
großen Stein, der auf einem Band liegt und schon von unten
sichtbar ist. Rechts von ihm über die nun unschwierigeren
Felsen auf die Spitze des Pfeilers. Über den langen, aber unschwierigen Grat zum Gipfel.

● 117a **Abstieg zur Tosa-Hütte,** 2 st: Vom Gipfel der Cima
Ceda Bassa über den langen Grat in Richtung Cima Ceda
Alta (SSO) bis zur Scharte zwischen den beiden Gipfeln
(Passo dei Cacciatori). Von hier nach links hinab auf den
Weg Nr. 320, der zur Tosa-Hütte führt.

● 117b **Abstieg zur Agostini-Hütte,** 1¹/₂ st: Vom Gipfel
verfolgt man den Grat in Richtung Cima Tosa (NNW) bis
zur Schulter. Von ihr steigt man nach links hinab Richtung
Agostini-Hütte. Zuerst lange in einer Rinne und über eine
unschwierige Felskante. Sobald es möglich ist, hält man sich
nach links und steigt über die gestufte Wand, immer schräg
links haltend, hinab zum Wandfuß. Über das Geröll absteigend und rechts haltend stößt man auf den Weg, der zur
Hütte führt.

● 118   **Cima Ceda Alta,** 2757 m
Der letzte Gipfel im Grat, den die Cima Tosa nach SO entsendet. Sie flankiert nördlich die „Forcolotta di Noghera".

Ihre NO-Wand wird links durch das kühne Felshorn Torrione della Ceda flankiert.

● **119 Normalweg** (A. de Falkner, T. Compton, A. Dallagiacoma, M. Nicolussi 1883), I, 2 st von der Tosa-Hütte.
Östlich unter der „Forcolotta di Noghera" verläßt man den Weg Nr. 320 und steigt den breiten Schutthang auf der SO-Seite des Berges hinauf. Man hält sich gegen die Gratscharte zwischen Cima Ceda Alta und Torrione della Ceda. Von hier unterhalb des Grates über Bänder, schließlich auf der S-Seite und dann über den Gipfelgrat hinauf.

● **120 NW-Grat** (K. Greenitz, H. Reinl, S. Bischoff 1904 im Abstieg), I+, 150 m, 1 st E. Etwas schwieriger als der Normalweg, aber abwechslungsreicher und deshalb öfter begangen als dieser.
Wie bei R 110 zum „Passo dei Cacciatori". Von hier über unschwierige Stufen und einen steilen Kamin, aus ihm heraus nach rechts auf ein Band, das schräg nach rechts verfolgt wird. Über weitere Bänder, welche sich übereinanderstufen, höher und schließlich durch eine der Rinnen, die zum Gipfelgrat führen, hinauf.

● **121 NNO-Wand** (L. Gerold, U. Frischauf 1924), IV, E V, 200 m, 2—3 st E. Sehr schöne und interessante Kletterei. Die Führe geht durch den rechten Teil der breiten Wand, die gegen die Tosa-Hütte gerichtet ist.
Wie bei R 110 an den Fuß der Wand bis zum Beginn der schrägen Rinne, welche zum „Passo dei Cacciatori" hinaufzieht. In Richtung zu einem auffallenden, senkrechten, schwarzen Kamin erklettert man zunächst eine schmale, graue, fast senkrechte Platte einige Meter neben einer Verschneidung. Weiter in der Verschneidung selbst 30 m hinauf, dann nach rechts an die Kante, die vom Rand der Platte gebildet wird. Wenig oberhalb quert man nach rechts in den erwähnten schwarzen Kamin, welcher zuerst sehr eng ist. Immer im Kamin, der eine anregende Kletterei bietet, aufwärts bis zu der Grotte, die ihn oben abschließt. Man gelangt auf das Band, welches in zwei Drittel Wandhöhe die ganze Wand durchzieht. Durch eine tiefe, unschwierige Rinne zum Gipfelgrat und über ihn bald zum Gipfel.

● **122 NO-Wand** (S. Agostini, G. Graffer 1929), IV, eine Stelle V, 250 m, 4 st E. Die Führe, die eine interessante Kletterei bietet, beginnt ziemlich genau in der Mitte der Wand, die gegen die Tosa-Hütte gerichtet ist, und folgt den etwas schräg von rechts nach links ziehenden Kaminen links einer großen, gelben Platte.

Wie bei R 110 an den Fuß der Wand. In anregender Kletterei durch die Kamine auf einen Felskopf in Wandmitte unter großen, gelben Überhängen. Von hier auf das Band, das die ganze Wand durchzieht, nach links und etwa 20 m absteigend durch einen steilen Kamin zu einer Mulde in der ONO-Wand. Hier nach rechts hinauf zum höchsten Punkt der Mulde unter der überhängenden Wand, die in der Art einer riesigen Verschneidung eingebuchtet ist, die ein enger Kamin durchzieht. Man übersteigt ihn, dann folgt man einer Rinne und senkrechten Felsen, die direkt zum Gipfel führen.

● **123 Abstieg:** Vom Gipfel verfolgt man den Grat nach SO bis zu dem breiten Schutthang, der hinunterzieht in Richtung des Weges Nr. 320.

● **124** **Torrione della Ceda**

N-Wand (P. und R. Graffer, S. Ruffo, V. Bianci 1940), IV, eine Stelle V, 200 m, 3 st E. Der Torrione della Ceda ist das kühne Felshorn, das sich links an die breite NO-Wand der Cima Ceda Alta anschließt.

Wie bei R 110 zum Wandfuß. Über den steilen Schneekegel zwischen Torrione und NO-Wand der Ceda Alta zum E. Von hier zieht ein enger Kamin zu einer Terrasse unterhalb einer schwarzen Rißverschneidung empor. In der Verschneidung 8 m hinauf bis zu H. Nun Querung nach rechts an die Kante. An ihr einige Meter empor und zurück in die Verschneidung, durch die nach 15 m eine gelbe Nische erreicht wird. Jetzt folgt eine Querung nach links zu einem schräg nach links ziehenden Riß, der auf eine schuttbedeckte Stufe und weiter zu einer roten Nische führt. Der folgende Überhang wird links umgangen, es folgt eine geräumige Terrasse. Die Gipfelwand wird direkt erstiegen.

● **125 Abstieg:** Über den O-Grat zur Scharte und von hier durch die tiefe, schräge Rinne, die die ganze N-Flanke des Torrione durchzieht. In Wandmitte seilt man sich 20 m ab und geht dann weiter über den Schnee in der Rinne hinunter zum Wandfuß.

● 126   **Punta dell'Ideale,** 2946 m

Flankiert südlich die Bocca della Tosa als kühner, eleganter Felsturm, gehört zu der Kette von Türmen und Zacken, die als Seitenarm vom SO-Grat der Cima Tosa abzweigen und auch Tosa-Türme genannt werden. Der Punta dell' Ideale ist nördlich der Felsfinger Dito dell' Ideale vorgelagert.

● 127   **Normalweg** (C. Garbari, N. Pooli, 1895), III, 160 m, 1 st E. Kurze, aber interessante Kletterei.

Von der „Bocca della Tosa" traversiert man auf einem Band etwa 30 m die O-Flanke des Dito dell' Ideale, dann über brüchigen Fels auf eine Schulter dieser Spitze, worauf man durch eine brüchige Rinne in den Einschnitt zwischen Dito und Punta dell' Ideale gelangt. Von dort direkt eine sehr steile Stufe hinauf zu einer Leiste, dann nach rechts in Richtung des großen Bandes. Dadurch wird ein Kamin umgangen, worauf man in einen zweiten, gegen den Gletscher „Vedretta d' Ambiéz" gewandten Kamin einsteigt. Im Kamin bis zu der Stelle, wo er sich teilt, dann durch die rechte Abzweigung auf die steilen Felsstufen, die zum Gipfel führen.

● 128   **SW-Kante** (G. Pisoni, M. Armani, M. Pilati 1939), IV, 250 m, 2—3 st E. Sehr ausgesetzte und elegante Kletterei.

Vom Gletscher „Vedretta d'Ambiéz" aus zwischen der Punta dell' Ideale und dem verbliebenen Sockel des vor einigen Jahren eingestürzten Torre Jandl hindurch in Richtung zu einem tiefen Kamin, der vom ersten Einschnitt des Grates zwischen Punta dell' Ideale und Campanile Steck herabzieht. Dieser Kamin, der zwei Überhänge aufweist, welche man links über einen Riß überwindet, wird bis zum Grat verfolgt, wo man durch ein enges Fenster zu einem Band gelangt. Von dort zu einer gelben, überhängenden Verschneidung einige Meter rechts der Kante (Steinmann). Nun nach rechts queren, dann etwa 20 m parallel der Verschneidung hinauf. Es folgt eine ausgesetzte Querung nach links in einen brüchigen Kamin über dem Überhang der Verschneidung. Man quert nochmals nach links etwa 3 m und gelangt in die andere Verschneidung, welche in ausgesetzter Kletterei überwunden wird. Weiter in Richtung Gipfel.

● 129   **W-Kante** (M. Stenico, A. Dalsass, A. Corn, L. Pedrolli 1943), IV, eine Stelle V, 250 m, 3—4 st E. Ausgesetzte, elegante Kletterei. Die Führe verläuft an der gelben, steil aufragenden Kante, die sich senkrecht aus dem Gletscher

„Vedretta d' Ambiéz" erhebt. Ihr unteres Ende bildet eine zerrissene Wand, während sich die Kante nach oben sehr verschärft.

Zunächst über unschwierige Felsen in Richtung einer senkrechten, 40 m hohen Verschneidung. Dann 8 m Querung nach rechts auf eine bequeme Terrasse. Von hier führt ein senkrechter Riß auf ein Band. Nun 6 m gerade hinauf und kurz nach rechts querend an die Kante. Die folgenden großen Überhänge vermeidet man, indem man über gelben Fels schräg nach rechts zu einem schon von unten gut sichtbaren Riß klettert. Von seinem Ende aus gerade hinauf über einige kleinere Überhänge, bis es möglich ist, nach links zurück an die Kante zu queren. Nun an der Kante einige Seillängen in luftiger Kletterei zum Gipfel.

● 130 **Abstieg:** Vom Gipfel über den Grat zu einem Einschnitt. Etwa 5 m westlich von ihm befinden sich zwei Abseilhaken, von denen aus man das untere Band erreicht.

● 131 **Campanile Steck,** 2850 m

Großer, eleganter Felsturm südlich der Punta dell' Ideale.

● 132 **Normalweg** (Steck, E. Richter 1910), II—III, 250 m, 2 st E. Von der Agostini-Hütte auf den Gletscher „Vedretta d' Ambiéz" und von dort durch die steile, schneegefüllte Rinne in die Einsattelung des Grates unmittelbar südlich des Campanile Steck. Über eine große, glatte Platte auf ein schmales Band, welches nach links verfolgt wird. Nach rechts zurück über ein breiteres Band. Nun über brüchigen Fels auf ein höher gelegenes Band und schräg rechts aufwärts zum Gipfel.

● 133 **W-Wand** und **SW-Kante** (G. Pisoni, A. Corn 1943), IV, eine Stelle V, 250 m, 3½ st E. Vom Gletscher „Vedretta d' Ambiéz" in Richtung des großen, geöffneten Kamines im linken Wandteil. An seiner linken Seite über einige Überhänge empor zu einem Riß. Dieser wird bis zu einer Verengung, die nach außen drängt, durchklettert. Weiter oben weitet sich der Riß und wird unschwieriger. Nun an die Kante, die über einige Überhänge zum Gipfel führt.

● 134 **Abstieg:** Der einfachste Abstieg folgt ein kurzes Stück dem Grat zur Punta dell' Ideale. Dann über brüchige

Stufen, etwas rechts der Kante und durch eine unschwierige Rinne in der O-Flanke. So gelangt man in das breite Kar zwischen den Tosa-Türmen und Cima Ceda.

● **135 Torre Zanlucchi, Castei Meridionali** und **Crozet del Rifugio.** Diese übrigen Tosa-Türme weisen nur weniger empfehlenswerte Routen auf und sind deshalb hier nur namentlich aufgeführt (von S nach N).

● **136**   DAS GHEZ-MASSIV

Diese Untergruppe bildet den äußersten SO-Rand der Brenta-Gruppe, weist als wirklich interessante Kletterberge aber nur Dos di Dalun und Cima di Ghez auf. Vom Tosa-Massiv ist es durch die „Forcolotta di Noghera" getrennt. Die Kletterei hat hier einen anderen Charakter durch das nur spärliche Auftreten von Bändern und Gliederungen und durch die häufigen glatten Platten, kurz, durch die Kompaktheit der Felsen.

● **137**   **Dos di Dalun,** 2684 m

Der große, kuppelförmige Gipfel südöstlich der „Forcolotta di Noghera". Der äußerste östl. Punkt dieses Bergmassivs ist der Piccolo Dos di Dalun, 2583 m. Der Felsturm zwischen beiden ist der Torrione Adriano Dallago, 2568 m.

● **138 Normalweg,** I, 150 m, 1 st E. Von der „Forcolotta di Noghera" über den NW-Grat hinauf, sich etwas auf der Seite des „Val di Ceda" haltend. Vom Fuß des Dos di Dalun über den breiten Grat zum Gipfel.

● **139 N-Wand** (B. Detassis, E. Castiglioni 1933), V, 450 m, 5 st E. Schöne, befriedigende Kletterei, die in dem rechten, verschneidungsartigen Riß beginnt, der einen großen, abgerundeten Pfeiler der Nordwand begrenzt.

Vom „Val Noghera" an den Wandfuß in Richtung zu besagtem Riß. Man steigt 70 m über unschwierigen Fels hinauf und folgt dann dem Riß im Grunde einer Verschneidung über einige kleinere Überhänge. Dann eine Seillänge über die linke Wand bis über die großen Überhänge, wo man wieder in den Riß zurückkehrt.

Mit Hilfe einer kleinen Leiste über ein Dach und vom Ende des Risses auf ein nach innen gewölbtes Band (Steinmann). Den höherliegenden Überhang überwindet man über die linke

Kante und gewinnt ein zweites Band. Gerade hinauf über den Überhang wird ein drittes Band erreicht (Gemsspuren. Wenn man das Band nach rechts verfolgt, gelangt man auf den Normalweg). Auf dem Band wenig nach rechts und über nach innen gewölbte, unschwierige Felsen an die Kante, die über einige Steilaufschwünge zum Gipfel führt.

● 140 **Torrione Dallago**

N-Wand (B. Detassis, T. Battistata, R. Costazza 1938), V—, 400 m, 4—6 st E. Diese Führe benützt hauptsächlich Kamine und Risse und ist etwas brüchig.

E in den großen Kamin, der die Wände des Piccolo Dos di Dalun und Torrione Dallago trennt. Ein Überhang wird links überwunden, nach etwa 200 m seilt sich der Kamin. Man wählt den rechten Kamin als Weiterweg, überwindet das Dach, das ihn schließt, nach rechts und gelangt über eine glatte Einfurchung auf eine Schutterrasse, links einer großen Platte. Über eine Kante, etwas links gelegen, auf eine schöne grasige Terrasse. Durch einen brüchigen Kamin weiter und durch einen schrägen Riß bis zu seinem Ende. Von dort nach 5 m Querung über brüchige Felsen (H) zum Gipfel.

● 141 **Piccolo Dos di Dalun**

N-Wand (B. Detassis und E. Giordani 1935), V, 420 m, 4 bis 6 st E. Dieser Weg quert über den Überhängen im untersten Wandteil aus dem Kamin der R 140 heraus nach links und folgt dem langen, etwas geschweiften Riß zum Gipfel des Piccolo Dos di Dalun.

Wie bei R 140 im Kamin bis zu seiner Gabelung, dann aber in den rechten Ast und bei der zweiten Mulde nach links durch den Spalt einer losgelösten Platte. Auf einem schmalen Band 40 m weiter zu einer von einem großen Block gesperrten Rinne. Weitere 25 m Querung auf einem luftigen Band bis zu seinem Ende (H) und von dort 25 m abseilen auf eine grasige Terrasse, die sich über den Überhängen im unteren Wandteil befindet. Nun ein wenig nach links zu der Rißverschneidung, die den oberen Wandteil in Form eines S durchzieht. Man verfolgt dieselbe, einige Überhänge links, den letzten, 20 m unter dem Gipfel, schräg nach rechts überwindend, direkt bis zum Gipfel.

● 142 **O-Grat** (G. Pisoni, E. Castiglioni, G. Leonardi 1942), III, einige Stellen V, 600 m, 4—6 st E. Der lange Grat, schon von Molveno aus sichtbar, ist nicht ohne Interesse, obwohl er lange, grasdurchsetzte Stücke aufweist.

Vom „Val Noghera" zu dem Grasrücken, der den Sockel des O-Grates bildet. An der Gratkante empor auf einen Gratzacken, wenige Meter hinab in einen kleinen Einschnitt. Hierauf erklettert man eine steile Platte und quert auf einer Grasleiste nach links. Mit Hilfe eines Hakens seilt man sich in einen kleinen Kamin nach links ab und durchklettert denselben bis zu einer Terrasse. Rechts überwindet man einen brüchigen Überhang und kommt in eine kleine, grasige Rinne. Nun wenige Meter aufwärts, dann ein weiter Spreizschritt nach rechts und auf ein kleines, geneigtes Band. Mit Hilfe eines Hakens quert man sich rechts auf einer gelben Platte und gelangt zurück zum Grat. Jetzt lange Zeit am Grat sehr ausgesetzt weiter, bis er unschwieriger wird, und über Grasstufen zu einer Gratschulter. Einen gelben Abbruch vermeidend, quert man schräg nach links gegen die Gratkante und eine kleine, grasige Mulde. Unter dem Grat horizontal weiter bis zu einem Schärtchen. Von hier über steile, aber unschwierige Felsen zu einem Grateinschnitt, und weiter über eine 20 m hohe, senkrechte Kante. Dann 2 m links der Kante durch einen kleinen Riß und zurück an die Kante über eine ausgesetzte Platte. Wenig oberhalb neigt sich der Grat mehr zurück und wird, nun unschwieriger, bis zum Gipfel verfolgt.

Bemerkung: Den Grat kann man unschwierig (I) in einer Stunde fortsetzen über den Torrione Dallago bis zum Hauptgipfel des Dos di Dalun.

● **143 Abstieg:** Vom Gipfel den breiten Grat in Richtung Cima Tosa hinunter, dann etwas nach rechts schwenkend in Richtung zur „Forcolotta di Noghera". Hier hält man sich etwas unterhalb des Grates in den Felsen auf der Seite des „Val di Ceda".

● **144** Cima di Ghez, 2713 m

Der südlichste Hochgipfel der Brenta-Gruppe, mit schöner Aussicht. Zwischen Cima di Ghez und Dos di Dalun ist das „Val di Dalun" eingeschnitten, das ins „Val d'Ambiéz" mündet.

● **145 Normalweg, NO-Grat** (I). Dem eintönigen und mühsamen 3—5stündigen Normalweg über den S-Grat von San Lorenzo di Banale aus ist der Weg über den NO-Grat vorzuziehen und deshalb hier beschrieben.

Von der Alm „Malga Prato di sopra" verfolgt man den Weg, der sich in der Höhe hält, gegen die Mündung des „Val di Dalun". In dieser wilden Talschlucht hinauf bis zum Schluß, einem Amphitheater. Nun auf den Grat in der Nähe des östl. Vorgipfels, 2624 m, und auf ihm über wenig steile Felsen und Grasschollen zum Hauptgipfel.

● **146 N-Wand** (M. Armani, E. Gasperini - Medaia 1934), V und VI, 600 m, 6—9 st E. Sehr schöne und elegante Kletterei, die den rechten der beiden großen Kamine benützt, die die zur Agostini-Hütte abfallende Wand durchziehen.
Von der Agostini-Hütte wie bei R 145 ins „Val di Dalun" (1½ st). Man steigt im Grunde des genannten Kamins über glatte Felsen etwa 80 m hoch bis unter einen enormen Überhang. Hier quert man etwa 20 m nach links und klettert über glatte Platten empor, die erneut nach rechts in den Schluchtgrund führen (100 m). Nun über einen überhängenden Gürtel in eine kleine Rinne, die über unschwierige Felsen in die Schlucht führt. In dieser 90 m höher bis unter einen tropfenden Überhang. Mit einer eleganten Querung von 30 m nach links und immer schräg links ansteigend in das große Amphitheater unter dem Gipfel, der über unschwierige Felsen, immer gerade aufwärts, erreicht wird.

● **147 Abstieg:** Vom Gipfel nach Osten über den Grat, bis man nach links abbiegen kann, um über die Felsen des Amphitheaters, das das „Val di Dalun" abschließt, abzusteigen. Dann die wilde Talenge hinaus zum „Val d' Ambiéz".

● **148**   **DIE AMBIEZ-KETTE**

Die Ambiéz-Kette ist vom Tosa-Massiv durch die „Bocca d' Ambiéz" losgelöst und flankiert das ganze Ambiéz-Tal. Ihre Felsen reichen hinab bis nach Stenico und in die tiefe Schlucht der Sarca. Sie weist eine Fülle schöner Kletteranstiege in allen Schwierigkeitsgraden auf.

● **149**   **Cima d' Ambiéz,** 3102 m
Eleganter Felsberg, der zur Agostini-Hütte mit einer eindrucksvollen, geschlossenen Wand abbricht.

● **150 Normalweg (S-Grat)** II, 400 m, 1—2 st. Von der Agostini-H. auf das breite Band, das den Fuß der SO-Wand

horizontal durchzieht. Auf dem Band nach links bis zu der
Rinne, die zur Scharte zwischen Cima d' Ambiéz und den
Denti d' Ambiéz hinaufzieht. Man überschreitet die Scharte
und steigt durch eine kleine, schräge Rinne zu einem großen
Steinmann empor. Die hier aufragende steile Wand über guten
Fels gerade empor. Nun im Zick-Zack, meist Bändern folgend
(zahlreiche Steinmänner) bis zu einer breiten Rinne, welche
zu einem kleinen Einschnitt führt. Von hier über den nun
schon mäßig geneigten Grat auf schön gestuftem Fels zur
Spitze.

● 151 W-Grat (C. und U. Fiorio 1911), I, 300 m, 1 st E.
Dieser Weg hat den einzigen Vorteil, die Schneerinne der
SW-Wand (R 159a) zu vermeiden.

Von der „Bocca dei Camosci" umgeht man auf der Seite des
„Agola-Gletschers" den kleinen „Torre dei Gusti" und steigt
die Rinne zwischen diesem Turm und der Cima d' Ambiéz
hinauf. Kurz vor ihrem Ende in die Felsen der Cima d' Ambiéz. Über eine Art Band nach links auf den Grat, dessen
erster Teil eine abwechslungsreiche Kletterei über Stufen und
kleine Kamine bietet. Auf dem breiten Schuttband, das schon
von unten gut sichtbar ist, nach rechts, dann erneut nach
links, schräg ansteigend über unschwierige Felsen, zum Gipfel.

● 152 NO-Verschneidung (E. Castiglioni, G. Leonardi 1942),
III—, 300 m, 1—2 st E. Schöne, abwechslungsreiche Kletterei.

Von der Agostini-Hütte über den Gletscher „Vedretta d'Ambiéz" empor, an der O-Wand vorbei, bis zum Beginn der
Rinne, die zur „Bocca d'Ambiéz" hinaufführt. Dort sieht man
einen großen Riß. Links von ihm leitet eine steile Schneezunge
zum Beginn einer weit geöffneten Verschneidung, welche
direkt zum Gipfel zieht.

In der Verschneidung, manchmal die linke Verschneidungswand benützend, etwa 50 m hinauf. Nun im Verschneidungsgrund einen Riß, der sich weiter oben zum Kamin erweitert,
empor. Man hält sich immer in Richtung zu einer unschwierigen Rinne und gestuften Felsen, die zu einem Sekundärgrat
leiten, wo auch die O-Wand mündet. Über einen kleinen
Überhang in den letzten Wandteil, zuerst schräg nach rechts,
dann gerade hinauf über eine schöne, schwarze Wand. Es folgt
ein markanter Kamin wenig rechts, der in den unschwierigen
Gipfelfelsen mündet. Über den Grat zur Spitze.

● **153 O-Wand** (G. Haupt, K. Lömpel 1909), III—, 350 m, 2 st E. Diese Führe birgt eine lohnende Kletterei und wird gern begangen.

Von der Agostini-Hütte in Richtung „Bocca d' Ambiéz" empor. Kurz bevor man die Rinne erreicht, die zur Scharte hinaufführt, steigt man über schmale Bänder nach links bis unter die große Wandeinbuchtung. Man quert so eine Zone grauer Felsen und klettert weiter durch einen etwas schrägen Riß, durch den man ein 80 m höher liegendes Band erreicht. Hier nach rechts in einen markanten Kamin, der von dem Pfeiler gebildet wird, der rechts die Wandeinbuchtung begrenzt. Nach weiteren 80 m durch einen engen Riß. Wo er sich verzweigt, folgt man dem linken Ast bis zu einem kurzen Band, über das man zu einem markanten Felskopf in der Mitte der Wandeinbuchtung gelangt. Von hier zuerst wenig nach links, dann 60 m gerade über steile, aber schöne Platten bis auf ein Band unter der schwarzen, nassen Wand. Man quert auf dem Band nach rechts und kommt zu einem Sekundärgrat, wo auch die NO-Verschneidung mündet. Von hier weiter wie R 152.

● **153a O-Wand, „Direttissima"** (H. u. V. Steinkötter 1967), VI/A 2, A 3, 400 m, 10—12 st E.

Nach vorbereitenden Versuchen durchstiegen die Erstbegeher die Wand in 30stündiger Kletterzeit. Sie verwendeten 65 Haken, davon 7 Bohrhaken und einige Holzkeile. Im unteren Wandteil bedienten sie sich riskanter Seilwurfmethoden, um nicht dort schon zu bohren.

E etwa 50 m rechts der „via Helmers" (R 154) in Fallinie einer überhängenden Verschneidung.

Durch einen gelben, überhängenden Hakenriß gelangt man zu gutem Stand. Von hier klettert man nach rechts durch eine überhängende Verschneidung, die nach rechts verlassen wird (Stand). Nun gerade empor (H), Querung nach links und wieder 6 m hoch zu Stand unter einer Nische. Weiter links eines überhängenden Risses, dann in ihm gerade hoch zu hervorragendem Stand (VI/A 2, A 3, schwierigste Seillänge). Nun eine Seillänge leicht zu einem Band und auf diesem 15 m nach links. Von hier aus wird in zwei kurzen Seillängen eine graue Mauer überwunden, wobei man den Überhängen ausweicht und man erreicht ein Band. Auf diesem Stand bei Felsschild. Nun klettert man durch einen Riß und macht

Stand auf diesem Schild. Über eine schwarze, glatte Wand
7 m empor, dann Quergang nach rechts und über einen Überhang erreicht man ein Band (Stand bei Sanduhr). Von hier
einen Riß in Piaztechnik hinauf, dann leicht rechts haltend
und wieder nach links in eine schwarze Nische. Über einen
Überhang (H) kletternd erreicht man einen Standplatz. Nun
zuerst links, dann gerade empor über eine senkrechte, gutgriffige Wand zu Stand auf einem Band. Links durch einen
Riß erreicht man einen Absatz und macht Stand unter einer
überhängenden Wand. Nun in prächtiger Kletterei durch
einen senkrechten, teils überhängenden Riß 35 m hinauf,
dann Querung nach rechts zu Stand. Weiter 3 m nach rechts
und dann gerade hoch über die Schlußwand in eine Rinne,
durch die man zu leichten Felsen gelangt, welche direkt zum
Gipfel führen.

IV

● 154   O-Wand „Via Helmers" (T. Masé, Cl. Barbier 1961),
VI+, A 2, 400 m, Zeit der Erstbegeher: 13 st E. Die Führe
wurde dem deutschen Bergsteiger Helmut Albrecht gewidmet, der 1961 in den Anden tödlich verunglückte und 1960
seinen Versuch mit Toni Masé wegen Schlechtwetter abbrechen mußte. Die Erstbegeher querten am ersten Tag auf
einem Band aus der Wand und beendeten den Durchstieg
am übernächsten Tag. Sie benötigten insgesamt 13 st reine
Kletterzeit und schlugen (ohne Standhaken) 50 Haken und
5 Holzkeile, wovon sie nur wenige stecken ließen.

E unter dem rechten Ende des riesigen Daches, das sich etwa
50 m über dem Wandfuß befindet. Die Führe benützt weiter
Risse und Verschneidungen, die schon von unten gut sichtbar
sind, in gerader Linienführung bis zum Gipfel.

Einige Meter in dem Kamin unter dem besagten Dach empor,
dann über eine Rippe nach links. Erneut im Kamin einige
Meter aufwärts, dann querend nach links (H) zu einem
kleinen Stand unter dem Dach. Man überwindet das Dach
an der schwächsten Stelle und quert auf glatter Platte nach
rechts, umgeht eine Kante und erreicht eine Nische (10 H,
3 Holzkeile). Von hier 20 m in einem Riß über zwei Überhänge hinauf (4 H, 1 Holzkeil, 1 Schlinge) zu gutem Stand.
Nun weniger schwierig schräg rechts aufwärts bis auf das
erste Band (über das man aus der Wand hinausqueren kann).
Weiter in Richtung zu gelben Überhängen (H) bis zu Stand

auf einer kleinen Terrasse, 10 m unter einem großen Band (am Band selbst schlechte Hakenmöglichkeiten). Über dem Band durch eine überhängende, gelbe Verschneidung (8 H) und einen überhängenden Riß 5 m hinauf (1 Schlinge) zu kleinem Stand. Nun waagrechte Querung nach rechts (H) und schräg links (6 H, Holzkeil) zurück zum Riß. Über einen Überhang (H, Knotenschlinge) auf ein großes Band. Zwischen den zwei mächtigen Dächern hinauf (8 H) und über einen Überhang (H, Schlinge) zu Stand in einer Nische. Von hier durch einen überhängenden Riß (2 H) bis auf eine Terrasse unter der Schlußwand (Ausquermöglichkeit nach links). Nun 35 m durch eine Verschneidung (1 H) empor zu gutem Stand bei einer losgelösten Platte. Von hier über einen Überhang (5 H), danach, schräg links aufsteigend, zum Grat (H) und über ihn zum Gipfel.

IV

● **154a O-Wand, „Unmittelbare Ostwandüberhänge"** (C. Barbier, D. Hasse, H. Steinkötter 1966), V, VI+/A 1—A 3, 400 m, Zeit der Erstbegeher: 40 st E.

Die Erstbegeher, von denen die Bezeichnung für diese Führe stammt, durchstiegen die Wand nach einigen Vorbereitungstagen in zweitägiger Kletterei und schlugen 65 Haken, 1 Bohrhaken und 19 Holzkeile und verwendeten 28 (hauptsächlich dicke) Schlingen. Nur ein Teil des Materials wurde in der Wand belassen.

Die Hauptschwierigkeiten der Route, die die Wand in ihrem markanten konvex ausgebauchten Teil durchzieht, bestehen in einem 300 m langen, meist überhängenden Rißsystem.

E unter dem linken Ende des riesigen Daches, das sich etwa 50 m über dem Wandfuß befindet. Durch eine, den Wandvorbau schräg rechts hochziehende Rinne 30 m empor. Dann durch eine kurze Rinne zu einem Riß, der nach einigen Metern überhängend nach links zieht. An sein Ende in der Wand umgehend zu einem Felsloch (22 m, VI/A 2). Weiter durch einen Riß zu Überhang, kurz nach links und durch Risse zu einem kleinen Absatz unter dem linken Ende des großen Daches. Nun einen Überhang und einen Riß hinauf zu einer Rinne. Jetzt erst rechts, dann links durch Risse aufwärts zu einer großen Höhle, welche in Höhe des Bandes liegt, das die Wand durchzieht. (Ausquermöglichkeit). In der Höhle klettert man hinauf bis zum Dach, quert nach rechts und kommt durch leicht überhängende Verschneidung zu

IV Cima d'Ambiéz von Südosten
1 = R 158 (1a = Ausstiegsvariante, IV–V+), 2 = R 157, 3 = R 156, 4 = R 155, 5 = R 154a, 6 = R 154.

einer lochartigen Erweiterung. Weiter empor zu einem über-
dachten Absatz (Biwakmöglichkeit). Rechts durch einen Riß
emporkletternd und kurz vor seinem Ende nach links, gelangt man über Überhänge zu einem Dach (VI+/A 2 und A 3).
Das Dach wird rechts überwunden und dann erreicht man
durch einen Riß einen Absatz (VI/A 2 und A 3). Rechts befindet sich ein Biwakband. Nun durch eine Verschneidung
und dann über eine Wand bis unter ein Dach, schräg rechts,
später links ansteigend zu einem Absatz. Leicht weiter auf
einen schuttbedeckten Absatz und nach 100 m leichteren Felsen
auf den Gipfelgrat und zum Gipfel.

IV

● **155 O-Wand „Via della Concordia"** (A. Oggioni, J.
Aiazzi, A. Aste, A. Miorandi 1955), VI, A 1, 400 m, 6—8 st E.
Bei der Erstbegehung vereinigten sich die beiden Seilschaften
und gaben der Führe deshalb diesen Namen. Sie biwakierten
einmal und benötigten 17 st reiner Kletterzeit. Außer den
Standhaken schlugen sie 80 Haken und 4 Holzkeile und ließen 9 Haken in der Wand. Die Wiederholungen haben gezeigt, daß etwa 30 Haken ausreichen.

Sehr empfehlenswerte Kletterei, da trotz ihres modernen
Charakters lange Strecken ohne künstliche Hilfsmittel bewältigt werden. Die auffallende Verschneidung, die fast in
Gipfelfallinie die ganze Wand durchzieht und sich nach unten mit schwarzen Wasserstreifen fortsetzt, gibt im wesentlichen die Richtung an.

In einer Rinne, etwa 15 m rechts der Fallinie der besagten
Verschneidung, 5 m empor auf ein Band, das nach links zu
einem seichten Riß führt. Durch diesen etwa 20 m hinauf zu
Stand auf einem Band (1 H). Etwa 5 m etwas nach rechts
ansteigend und 35 m in einem Rißsystem, mehrere anstrengende Überhänge überwindend, zu kleinem Standplatz unter
gelben Überhängen (mehrere H, evtl. Zwischenstand erforderlich).

Auf schmalem Band, das etwa 1 m unterhalb des Standplatzes
ansetzt, folgt ein eindrucksvoller Quergang in begeisternder
Kletterei etwa 25 m nach links, zuletzt 10 m empor zu einem
guten Standplatz unterhalb eines auffallenden Kamins (1 H).
Durch den meist nassen Kamin 35 m empor zu einer breiten
Terrasse (Biwakplatz der Erstbegeher). Nun weiter durch
die Kaminverschneidung 30 m gerade hinauf zu gutem

Stand in einer Nische. Jetzt sehr ausgesetzt nach rechts in die Wand hinaus und etwa 10—15 m in ansteigender Querung nach rechts zu Stand auf einem kleinen Absatz.

Den nachfolgenden gelben Überhang überklettert man und quert kurz nach links bis unter einen stark ausgeprägten schwarzen Überhang, den man sehr anstrengend überwindet, worauf man zu Stand in einer kleinen Nische gelangt. Weiter gerade hinauf, zunächst über die linke Verschneidungswand. Wo diese überhängend wird, geht man nach rechts in den Verschneidungsgrund und überspreizt einen gelben Überhang (H und Holzkeil) bis unter einen weiteren Überhang, den man sehr ausgesetzt nach links umgeht zu Stand auf einem Absatz (mehrere H).

Nun zwei Seillängen ohne besondere Richtpunkte gerade hinauf zu einem breiten Band, dem Ende der Schwierigkeiten. Auf dem Band nach rechts, über gestuften Fels etwa 100 m hinauf zum Grat und über diesen nach rechts zum Gipfel.

IV

● **156 OSO-Wand** (M. Stenico, M. Girardi 1941), VI, 400 m, 5—8 st E. Ausgesetzte, großzügige Freikletterei. Die Führe verläuft im rechten Teil der gewölbten Wand, die vom Rif. Agostini aus sichtbar ist.

E 50 m links der großen, gelben Dächer, die eine umgekehrte Stufenreihe bilden. Zuerst einen schmalen, glatten Riß hinauf bis zu H. Von ihm 20 m schräg weiter über eine Platte, an deren Ende der zweite H. Nun 25 m gerade empor über sehr kompakten Fels, ohne Hakenmöglichkeiten auf ein schmales Gesims, das sich einige Meter schräg links oben befindet (Stand). Nun erneut 35 m gerade hinauf (3 H), dann 2 m nach rechts, worauf man schräg links aufwärts nach 20 m eine kleine Terrasse erreicht. Von hier wenige Meter nach links über eine überhängende Platte, die in halber Höhe einen engen, 10 m langen Riß aufweist; durch den Riß und nach weiteren 20 m Freikletterei auf ein schmales Band. Jetzt einige Meter nach rechts in eine große schwarze Verschneidung, die schon von unten gut zu erkennen ist. Durch sie (50 m) auf eine kleine Terrasse. Nun nach links zu brüchigen Leisten, dann 4 m durch eine kleine Einbuchtung und weiter gerade hinauf über eine überhängende Wandstufe, worauf ein Band erreicht wird (= halbe Höhe der geschlossenen und überhängenden Wand).

Auf dem Band sehr ausgesetzte Querung nach links, dann 40 m gerade hinauf zu einer kleinen Terrasse. Weiter gerade aufwärts in Richtung der gelben und schwarzen Überhänge, die durch einen schmalen Riß überwunden werden. Am Ende des Risses eine Terrasse.

Von hier 40 m über plattige Vorsprünge, dann 10 m über glatten, schwarzen Fels, worauf man etwas linkshaltend ein Band erreicht. Auf ihm 20 m nach rechts und schräg rechts über eine sehr ausgesetzte Wand in einen langen Kamin, der in weniger schwieriger, jedoch anstrengender Kletterei durchstiegen wird. Anschließend über Schrofen zum Gipfel.

IV

● 157 **SO-Wand** (A. Aste, F. Solina 1952), VI—, 400 m, 5—7 st E. Die Erstbegeher benötigten 6 Haken, die sie in der Wand ließen. Die Schwierigkeiten sind ziemlich durchgehend.

E bei dem großen, gelben Dach, in der Mitte des Wandsockels, das eine umgekehrte große Stufe zu sein scheint. In einem nassen, schwarzen Kamin, der sich unter der linken Seite des besagten Daches befindet, schräg links aufwärts, dann über eine kurze, senkrechte schwarze Wand. Es folgt ein gelber Riß schräg nach rechts, mit dem man einen kleinen Kamin erreicht, der auf das große Schuttband führt, das unter der senkrechten Wand liegt. 15 m über brüchigen Fels gerade hinauf und über einen überhängenden, schwarzen Riß nach 40 m unter ein Dach. Dieses wird überwunden und nach 6 m quert man 4 m nach rechts auf die andere Seite eines unguten Zackens. Von hier über Rißplatten und kleine Wölbungen etwa 40 m aufwärts, dann quert man 2 m nach rechts in eine schwarze Verschneidung, die ganz durchklettert wird. Dann über geneigtere Felsen, gerade hinauf bis zu einem Band unter schwarzen und gelben Dächern. Nach dem ersten Überhang quert man einige Meter schräg nach links und überwindet den folgenden in einer schwarzen Verschneidung, die ganz durchstiegen wird. Nun immer gerade hinauf über schwarze Platten und Bäuche bis zu einer kleinen Terrasse unter roten und gelben Überhängen. Querung 5 m nach rechts und auf ein 4 m höher liegendes Band. Zwischen roten Überhängen hindurch über eine schwarze Verschneidung und

Querung einer Platte schräg nach rechts auf ein Band. Nach links erreicht man einen 30 m hohen, gelb-schwarzen Kamin und durchklettert ihn gänzlich. Weiter immer gerade hinauf unschwierig zum Grat und über ihn zum Gipfel.

IV

● **158 SO-Wand** (P. Fox, M. Stenico 1939), VI—, 400 m, 4—6 st. Durchwegs elegante, abwechslungsreiche Freikletterei, großartige Linienführung. Eine Serie langer, schwarzer Streifen in der Mitte der eindrucksvollen, kompakten Wand, die sich über der Agostini-Hütte aufbaut, gibt die Richtung an. Die Hauptschwierigkeiten beschränken sich auf wenige Stellen.

Von dem Band, über das der Normalweg führt, über unschwierige Stufen auf ein 20 m höher liegendes, weniger breites Band. 1 m links von einem großen Stein, der auf dem Band liegt, E in die senkrechte Wand. Nach der 10 m hohen, schwarzen Verschneidung quert man 2 m nach rechts. Durch eine andere, weniger ausgeprägte Verschneidung zu Standplatz. Nun 20 m gerade empor durch einen feinen Riß zu neuem Standplatz. Von hier 15 m durch eine wenig geöffnete Verschneidung und dann wenig rechts in Richtung zu einem schwarzen Überhang, der schon von unten gut sichtbar ist. Jetzt nach einigen kleineren Überhängen an ein feines Felssims. Die schwarzen und gelben Überhänge, die jetzt zu überwinden sind, erscheinen zuerst alle ungangbar.

Nach 20 m gelangt man an ein feines, abgerundetes Sims, gewinnt einen gelben Überhang und geht durch eine sehr breite Verschneidung und über einige Bäuche der Wand. Nachdem man über eine sehr glatte Wand gegen eine große gelbe und schwarze Felsschneide (von unten sichtbar) gegangen ist, steigt man von einem bequemen Band in den Riß, der von der Schneide gebildet wird, ein. Diesen Riß ersteigt man über verschiedene Überhänge (35 m) bis zu einem guten Standplatz. Man läßt links unschwierige Wände, welche gegen den S-Grat führen würden, steigt etwa 50 m durch eine Serie von Platten und gelangt auf ein Band unter großen, gelben Überhängen. Diese Überhänge sind durch einige Risse, die zum Gipfel führen, unschwierig zu überwinden.

159
Abstieg über den Südgrat: Vom Gipfel hinab auf die südl. Schulter. Dann schräg rechts abwärts, den Steinmännern

folgend, auf Bändern in einigen Schleifen in eine Rinne. Nun über luftigen, aber festen Fels in die Scharte zwischen Cima d' Ambiéz und den Denti d' Ambiéz, von der man nach links durch die Rinne absteigt. Die Rinne wird dann, fast am unteren Ende, nach links verlassen und man gelangt an den Fuß der SO-Wand.

● **159a   Abstieg über die SW-Wand:** Vom Gipfel genau in Richtung Zwölf-Apostel-Hütte über unschwierige Felsen hinab bis zu einem breiten Schuttband. Weiter in Richtung der Schneerinne zwischen Cima d' Ambiéz und Cima Bassa d' Ambiéz. Durch diese hinunter zur „Vedretta d' Agola".

● **160   Denti d' Ambiéz,** 2840 m

Eine kleine, vom S-Grat der Cima d' Ambiéz losgelöste Gruppe von fünf schlanken Felszacken, die sich gleich über der Agostini-Hütte erheben. Der südlichste Turm ist zwar der niedrigste, trägt aber seiner wuchtigeren Gestalt wegen den Namen „Torre d' Ambiéz". Nach Norden fortlaufend erheben sich der Vierte, Dritte, Zweite und Erste Dente (Dente = Zahn, Zacken).

● **161   Torre d' Ambiéz**

Normalweg (M. Armani und E. Gasperini — Medaia 1938), II, ³/₄ st E. Kurze, ausgesetzte Kletterei in bestem Fels. Schon von der Agostini-Hütte sieht man in der S-Wand des Torre einen tiefen, schwarzen Kamin. Dieser gibt die Richtung an. Über unschwierige Felsstufen und Schuttabsätze an den Fuß der S-Wand und mittels unschwieriger Rinnen zu besagtem Kamin. An dessen Fuß quert man nach rechts durch einen kleinen Kamin, den losgelöster Fels bildet. Man ersteigt den Fels (Steinmann), geht 2 m nach rechts und überwindet einen kurzen, senkrechten Riß. Nun einige Meter nach links und über eine steile, ausgesetzte Wand hinauf. Dann ziemlich gerade über Wandstufen und Kamine, einen letzten kleinen Überhang spreizend überwindend, in die Einschartung und zum Gipfel.

● **162   Westwandriß** (G. Pisoni, F. Gasperini - Medaia 1941), III, 250 m, 1¹/₂ st E. Elegante, interessante Kletterei in gutem Fels. Die Führe folgt dem Riß in der W-Wand, der von der Einschartung zwischen Torre d' Ambiéz und den übrigen Türmen herabzieht.

Von der Agostini-Hütte den steilen Hang hinauf und zu der Mulde zwischen Cima d' Ambiéz und Cima d' Agola und an den Wandfuß. Von dem Band über dem Wandsockel in Richtung zu dem markanten Kamin zwischen Torre d' Ambiéz und Viertem Dente empor. Über steile Stufen bis zu einer Nische unter einem Überhang, der mit Hilfe des ihn durchziehenden Risses überwunden wird. Jetzt unschwieriger bis zum Kamin (man kann den Überhang auch umgehen, indem man nach rechts quert auf einem Band und einen kleinen Kamin schräg nach links hinaufsteigt bis zum Fuß des Kamins). Nun immer im Kamin, einige Klemmblöcke überkletternd, empor zur Einschartung, von wo eine kurze Wand zum Gipfel des Torre d' Ambiéz führt.

● **163 O-Verschneidung** (M. Armani, E. Gasperini - Medaia 1938), IV—V, 250 m, 2—3 st E. Sehr schöne, ausgesetzte Kletterei, die sich an den Riß und die enge Verschneidung hält, die die gelbe O-Wand des Torre d' Ambiéz senkrecht durchziehen.

Von der Agostini-Hütte in wenigen Min. an den Wandfuß und zum Beginn des Risses. Nach 40 m folgt man einem Riß schräg nach rechts, bis er nach rechts scharf abbiegt. Von dort über einige große, schwach aufsitzende Platten und 50 m senkrecht hinauf auf ein breites Schuttband. In schöner Kletterei eine senkrechte Verschneidung hinauf gegen den engen Riß, der zum Gipfel des Torre d' Ambiéz führt.

● **164 SW-Kante** (E. Gasperini - Medaia, L. Brentari, R. Salvadei 1941), III, 250, 2½ st E. Schöne, ausgesetzte Kletterei in bestem Fels. Sie folgt lange einer Reihe von Rissen in der W-Flanke und dann der steilen, ausgeprägten Kante des Torre d' Ambiéz.

Von der Agostini-Hütte wie bei R 162 an den Wandfuß und über unschwierige Felsen zu einem breiten Band, von dem aus sich die W-Wand senkrecht aufschwingt. Vom rechten Rand des Bandes in Richtung zur SW-Kante empor und schräg rechts in einen engen Kamin, der auf ein Band führt. Man quert nun nach links und erreicht den Beginn der Kante durch einen sehr engen Kamin in schöner Kletterei. Immer an der Kante oder gleich rechts davon empor auf einen Vorgipfel. Von ihm einige Meter in eine Einschartung hinab und über eine kleine, ausgesetzte Wand zum Gipfel.

● **165**   **Zweiter Dente d' Ambiéz**

S-Wand (T. Masé, S. Marzari, A. Marolda 1958), V, 250 m,
2—3 st E. Schöne Kletterei, die sich im unteren Teil an die
Rinne hält, die von der Einschartung zwischen 2. und 3. Dente
d' Ambiéz herabzieht.
Von der Agostini-Hütte in wenigen Min. an den Wandfuß.
Bei einem Kegel, der von der besagten Rinne und einer anderen gebildet wird, 80 m über unschwierige Felsen hinauf.
In einer Kamin-Verschneidung 40 m weiter, dann folgt eine
schöne Kletterei in einer 40 m hohen Verschneidung, in der
nach 8 m unter einem gelben Überhang 2 m nach links gequert wird um dann wieder im Verschneidungsgrund fortzu-
setzen. Man erreicht die Einschartung zwischen 2. und 3.
Turm und steigt durch die S-Wand des 2. Turmes zum Gipfel,
einen Überhang etwa in der Mitte der Wand rechts überwindend.
Abstieg: Man seilt sich nach Norden etwa 40 m ab und folgt
dann R 166.

● **166**   **Abstieg vom Torre d' Ambiéz:** I, 1 st zur Agostini-
Hütte.
Vom Gipfel des Torre d' Ambiéz in die Scharte zwischen
Torre und 4. Dente d' Ambiéz. Man ersteigt diesen, spreizt
zum nächsten Turm und gewinnt durch einen Kamin den
Gipfel des 3. Dente d' Ambiéz. Nun auf der W-Seite einen
steilen Kamin hinunter und über ein Band in die nächste
Scharte. Auch den 2. Dente d' Ambiéz umgeht man auf der
W-Seite und steigt dann in die folgende Scharte ab. Von hier
weiter in der W-Seite hinunter und querend in die Scharte zwischen den Dente d'Ambiéz und Cima d'Ambiéz. Nun eine
unschwierige Rinne in der O-Seite hinunter und über das
breite Schuttband unter der SO-Wand der Cima d' Ambiéz
zum Gletscher „Vedretta d' Ambiéz".

● **167**   **Cima Bassa d' Ambiéz,** 3017 m

Kühner Felsberg südwestlich, in Richtung Zwölf-Apostel-
Hütte, der Cima d' Ambiéz, von ihr durch eine steile Schneerinne getrennt.

● **168**   **Normalweg,** I, $^1/_2$ st E. Die Orientierung ist durch
zahlreiche Steinmänner erleichtert.
Von der „Bocca d' Agola" über unschwierige Rinnen auf der
Seite der Zwölf-Apostel-Hütte hinauf. Weiter, nach links über

ein bequemes Band und durch eine andere Rinne an den Grat. Man überschreitet den südl. Vorgipfel und gewinnt von der nächsten Scharte aus unschwierig den Gipfel.

● **169 OSO-Wand** (G. Pisoni, E. Castiglioni 1942), V, eine Stelle VI, 250 m, 2—4 st E. Elegante Kletterei.

Von der Agostini-Hütte über die Mulde unter der Cima d' Agola in die Rinne zwischen Cima d' Ambiéz und Cima Bassa d' Ambiéz. Über unschwierige Felsen zum Beginn einer Verschneidung, die von drei großen Dächern gesperrt ist. Man quert über ein Band nach links, umgeht eine Kante und steigt durch die gelbe Wand in Richtung zu den großen Überhängen der Kante zwischen den beiden Verschneidungen. Unter den Überhängen quert man nach rechts über eine Platte und steigt hinauf gegen ein Band unter den anderen Überhängen. Man überwindet einen überhängenden gelben Riß, der sich nach rechts öffnet. An der Kante weiter, bis man in den Grund der Verschneidung, die eine schöne Kletterei bietet, gelangen kann. Nun bleibt man immer in der Verschneidung, quert erst unter den oberen Dächern nach links und kehrt an die Kante zurück. Zwei senkrechte Platten werden überwunden und über ein Band leicht schräg rechts gequert in den tiefen Schlußkamin, der auf eine Einschartung unweit des Gipfels führt.

● **170 Abstieg:** (Orientierung durch viele Steinmänner erleichtert.) Vom Gipfel hinunter in die Scharte vor dem südl. Vorgipfel. Eine Rinne nach rechts auf ein Band. Das Band zurück zum Grat und auf der Seite zur Zwölf-Apostel-Hütte über unschwierige Felsen und Rinnen zur „Bocca d'Agola".

● **171   Cima d'Agola,** 2960 m
Schöner Felsberg, der zur Agostini-Hütte eine breite Wand zeigt.

● **172 Normalweg** (A. Gstirner, K. Schulz, L. Caola 1893), I, 2 st von der Zwölf-Apostel-Hütte.

Von der Zwölf-Apostel-Hütte auf Weg Nr. 304 auf die obere Gletscherfläche des Agola-Gletschers und dort nach rechts in Richtung zu der Schneezunge, die am höchsten in die Felsen bei der großen Einsenkung des Grates zwischen der großen und kleinen Cima d'Agola hinaufzieht. Über unschwierigen Fels und Schnee zum Grat und zum Gipfel.

● **173 SO-Wand** (K. Schmitt, S. Pfleger 1935), V, 250 m, 3—4 st E. Schöne Kletterei, die im linken Wandteil verläuft und am südl. Vorgipfel aussteigt. Die Richtung gibt ein Riß an, der in der Mitte die Wand, eine senkrechte, graue Platte, durchzieht.

Von der Agostini-Hütte auf Weg Nr. 321 zu den Felsen der Cima d'Agola. Hier über eine Schuttrampe nach rechts in Richtung des Wandsockels und dann schräg nach links über unschwierige Felsen zu dem Kamin, der unten die Fortsetzung des erwähnten Risses darstellt. In seinem oberen Drittel wird ein Überhang überwunden (H), dann quert man nach links und durchsteigt die steile Rinne bis zu einer gelben, sehr glatten Rampe. Diese führt zum Beginn des besagten Risses. Über ihn in luftiger Kletterei in eine unschwierige Rinne, über unschwierigeren Fels auf den südl. Vorgipfel und über den Grat zum Hauptgipfel.

● **174 Abstieg:** Vom Gipfel über den wenig steilen Grat auf einen Sporn, der gegen die „Bocca d'Agola" vorspringt. Weiter, nach rechts, über gestufte Felsen auf eine Schulter und durch eine steile, aber unschwierige Rinne auf eine kleine Scharte am Beginn des N-Grates. Von hier über Bänder nach Norden zur „Bocca d'Agola".

● **175   Cima di Pratofiorito,** 2900 m
Der bemerkenswerteste Berg in der langen Wandflucht, die das „Val d'Ambiéz" im Westen flankiert. Er zeigt nach dieser Seite zwei gewaltige Pfeiler, die oben durch eine weite, trichterartige Schlucht getrennt sind. Der linke ist der wenig niedrigere S-Gipfel, rechts sind Mittel- und N-Gipfel, die fast gleich hoch sind.

● **176 Normalweg** (A. Gstirner, L. Caola 1892), I, 1½ st von der Zwölf-Apostel-Hütte.

Von der Zwölf-Apostel-Hütte über den Gletscher „Vedretta di Pratofiorito" auf die „Bocchetta di Pratofiorito". Hier nach rechts über einen kurzen Schneehang auf die N-Schulter. Über Schnee und Schutt zum Grat. Nach links erreicht man den N-Gipfel. Von hier über den scharfen Grat fast horizontal auf den Mittelgipfel und über den unschwierigen Grat weiter zum S-Gipfel.

V

● **177   O-Wand des N-Gipfels** (G. Pisoni, E. Castiglioni, G. Leonardi 1942), IV, 400 m, 3—4 st E. Schöne Kletterei in festem Fels.
Von der Agostini-Hütte über Schuttrücken zum Wandfuß empor. Eine Kaminreihe führt zur Mündung des großen Trichters. Hier rechts über schöne Platten hinauf in Richtung zu dem großen Wandeinschnitt. Man ersteigt einen kurzen Kamin, bis er sich schließt, und erklettert rechts eine griffarme Wand zu einer kleinen Kanzel. Nun weiter durch einen kleinen Kamin, dann in dem besagten Wandeinschnitt einen Riß hinauf und weiter zum Grat. Diesen nach Osten verfolgend zum N-Gipfel.

V

● **178   O-Wand (Trichterweg)** III, 1—2 st E.
Wie bei R 177 an den Wandfuß. E am Beginn der großen Rinne, die die Fortsetzung des großen Trichters darstellt, der S- und N-Gipfel trennt. Nach 20 m in einem Kamin quert man bei einem großen Klemmblock nach rechts auf eine glatte Platte. Über dem Überhang quert man nicht in den Kamin zurück, sondern steigt in der linken Wand (Seilschlinge) über einen steilen Riß, der sich weiter oben zum Kamin erweitert. Man folgt der Kaminreihe, die zur Mündung des Trichters führt. Nachdem man nach links hineingequert ist, klettert man im Grund über unschwierige, gestufte Felsen zum Grat, den man zum S- oder N-Gipfel verfolgen kann.

V

● **179   O-Wand des S-Gipfels** (A. Aste, F. Susatti 1953), VI+, 400 m, 6—9 st E. Die Erstbegeher biwakierten einmal in der Wand und benötigten 20 st reine Kletterzeit. Sie schlugen 70 Haken und ließen 14 in der Wand. Die neuerdings viel benützte Variante (R 179a) begradigt den Weg wesentlich.
Von der Agostini-Hütte über Geröll zum Wandfuß und schräg nach links zur Kante. Von hier über Bänder und Felsaufschwünge nach rechts zu einem gelben Dach, unter das man über einen Riß gelangt. Nun 6 m Querung nach links und hinauf zu einer Nische, 4 m über dem Dach. Man verläßt sie nach links und klettert 7 m höher zu einem Riß, der bis zu einer kleinen Terrasse durchklettert wird (Biwak der Erstbegeher). Weiter mit Seilquergang nach rechts und weiter

über Bänder zum Beginn der Verschneidung, die die weitere Richtung angibt. Diese wird gänzlich durchstiegen bis unter einen roten Überhang, der nach links überwunden wird. Nun weiter bis unter die schwarzen Überhänge, wo man über eine glatte Platte nach rechts quert und einen Zacken ersteigt. Weiter einige Meter hinauf, durch einen Riß zu einer kleinen Terrasse und durch einen glatten, schwarzen Riß auf eine weitere bequeme Terrasse. Von hier schräg nach rechts über Platten und Kamine zu unschwierigeren Felsen und zum Gipfel.

V

● **179a Variante zur O-Wand des S-Gipfels** (T. Masé, A. Marolda 1958). Anläßlich der 3. Begehung der O-Wand wurde diese durch die hier beschriebene, neuerdings oft benützte Variante wesentlich begradigt.

E etwas rechts einer gelben, brüchigen Rippe und 2 Seillängen durch einen Kamin bzw. eine Verschneidung. Nun leicht schräg nach links zu der Terrasse empor, wo der Originalweg nach links geht. Von hier über einen ausgeprägten Überhang (3 H), nach 40 m (2 H) erreicht man die Verschneidung, die den weiteren Anstieg vermittelt.

V

● **180 Abstieg über die NO-Wand** (E. Castiglioni, G. Leonardi 1942 im Abstieg), II, 1¹/₂ st zur Agostini-Hütte. Der unschwierigste Abstieg zur Agostini-Hütte benützt die große, rinnenartige Rampe, die die ganze NO-Wand schräg durchzieht.

Vom N-Gipfel in der NO-Flanke durch eine breite, grasdurchsetzte Rinne, die sich weiter unten zu einer steilen Rampe erweitert, hinunter, bis sie in eine Art Schacht abbricht. Dann über eine natürliche Brücke, um eine Ecke und über eine steile, gelbe Platte, soweit als möglich rechts haltend, hinab. Eine Reihe kleiner Rinnen führt bis zum Beginn der O-Wand. Am Schluß seilt man sich über einen Überhang 15 m zum Wandfuß ab.

V Cima Pratofiorito, O-Wand
I = Südgipfel, II = Nordgipfel.
1 = R 179, 1a = R 179a, 2 = R 178, 3 = R 177, 4 = R 180.

Foto: F. Susatti

● **181**   **Le Tose,** 2863 m

Südlich der Cima Pratofiorito, durch diese durch eine breite, unbenannte Scharte getrennt, schließt sich ein langgestrecktes Massiv an, das eine Anzahl Spitzen, Le Tose, aufweist. Man unterscheidet Haupt-, Mittel- und S-Gipfel.

● **182**   **Normalweg** (E. Castiglioni, G. Leonardi 1942 im Abstieg), II, eine Stelle III, 2—3 st von der Agostini-Hütte. Der Weg folgt der tiefen Schlucht, die auf der O-Seite von der Einschartung zwischen Hauptgipfel und dem nördlich ziemlich freistehenden Turm herabzieht.

Von der Agostini-Hütte über Schutt auf das breite Band, das sich zwischen Wand und Sockel befindet. Von einer Schulter am Beginn des Bandes quert man in Richtung zu einer zweiten Schulter gegenüber der Mündung einer breiten Rinne. Zuerst links von dieser über grasdurchsetzte Felsen und später in ihr empor. Die sperrenden gelben Überhänge werden mit Hilfe eines Risses links überwunden und der obere Teil der Rinne erreicht. 20 m unter der Einschartung quert man kurz nach links, wo eine steile, brüchige Rinne zu den Gipfelfelsen führt. Von einem Vorgipfel fast horizontal zum Hauptgipfel.

● **183**   **O-Wand** (K. Schmitt, S. Pfleger 1935), IV+, 200 m, 2—4 st E. Schöne, interessante Kletterei. Die Erstbegeher stiegen zwar vom tiefsten Punkt des Wandsockels zu dem großen Band (R 182) empor, aber der großen Brüchigkeit wegen steigt man besser gleich vom Band in die steile, glatte Wand ein.

Links der Schlucht, durch die der Normalweg emporführt, befindet sich ein kleiner Pfeiler, der aus der Wand vorspringt. Er bildet an seiner linken Seite mit der Wand eine Reihe von Kaminen, die bis zu einem großen Überhang durchklettert werden. Dieser wird nach rechts umgangen, gleich quert man wieder nach links (H) in die Kamine zurück. Nun einige Seillängen empor bis auf den höchsten Punkt des Pfeilers. Von hier nach rechts in Richtung zu einer gelben, überhängenden Wandeinbuchtung. Ein Riß wird etwa eine Seillänge verfolgt, dann quert man unter der gelben Wand nach links in eine Nische. Weiter durch einen Riß, über einen Überhang und links haltend zu den unschwierigen Felsen, die zum Gipfel leiten.

● 184 **W-Wand** (G. Pisoni, V. Bramani, M. Stenico, E. Gasperini-Medaia 1946), IV, einige Stellen V, 300 m, 4 st E.

Von der „Busa del Vallon" in Richtung zu einer Art Schuttkegel am Fuße der Wand. Durch einen Kamin auf ein Band unter dem ersten Plattengürtel, wo man nach links zu einem zweiten Kamin quert. Dieser wird bis zu seinem Ende durchklettert, dann führt ein waagrechter Riß nach rechts zu einer großen Platte, die auf einer kleinen Terrasse steht. Die Platte wird erstiegen und weiter gerade hinauf über eine senkrechte Plattenwand bis unter die großen Überhänge des zweiten Plattengürtels. Man quert auf einem sehr ausgesetzten, 50 m langen Band nach rechts. Nun schräg links aufwärts bis zu einem großen Spalt, den man zu einer kleinen Scharte durchläuft. Hier teilen sich zwei Kamine, der linke wird durchklettert und führt zu einer tiefen Schlucht. Über einen überhängenden Bauch kommt man zum Beginn eines langen Risses, der zum Gipfel führt.

● 185 **Abstieg:** Vom Gipfel auf dem Grat nach Norden zu einer großen Einschartung, wo man wenige Meter nach rechts hinuntersteigt. Eine steile Rinne führt in die tiefe Schlucht in der O-Seite, die verfolgt wird und in der man sich über eine Steilstufe abseilt.

WESTLICHE AUSLÄUFER DER BRENTA-GRUPPE

● 186 Untergruppe des Vallon

Diese Gruppe schließt sich westlich an die Kette Cima d'Agola — Cima Pratofiorito — Le Tose an, besitzt für den Kletterer aber wenig Bedeutung. Dagegen findet der Bergwanderer ein reiches Betätigungsfeld.

● 187 Randgruppe des Sabbion

Der südwestlichste Ausläufer der Brenta-Gruppe, der nur noch Berge bescheidener Höhe aufweist und keine Kletterei bietet.

● 188 Gruppe der Fracingli

Die Fracingli sind der nordwestliche Teil der Brenta-Gruppe, vom Tosa-Massiv durch den Gletscher „Vedretta dei Camosci" getrennt. Es finden sich nur wenig lohnende Kletterei.

● **189**   **Cima di Valstretta,** 2880 m

Der bedeutendste Gipfel dieser Untergruppe, zu dem drei Grate emporziehen. Von der Zwölf-Apostel-Hütte aus unschwierig zu besteigen.

● **190 SW-Verschneidung** (S. Bonvecchio, S. Marzani 1957), IV, 250 m, 2—3 st E. Die Erstbegeher schlugen 8 Haken, die sie alle wieder mitnahmen.
Von der Zwölf-Apostel-Hütte folgt man dem Weg Nr. 307 und steigt dann über Schutt zum Beginn der Verschneidung empor (Steinmann). Zunächst 40 m hinauf bis unter eine schwarze Nische, dem Überhang weicht man durch eine Querung schräg nach links aus. 5 m höher in die Verschneidung zurück, die durchklettert wird. 40 m vor ihrem Ende quert man etwa 20 m nach links, dann gerade hinauf über die Wand zum Gipfel.

● **191 Abstieg:** Vom Gipfel unschwierig in die Scharte zwischen Cima di Valstretta und Cima di Nardis hinunter und weiter über Schutt zum Weg, der von der „Bocca dei Camosci" zur Zwölf-Apostel-Hütte führt.

● **192**   **DIE SFULMINI-KETTE**

Diese zentral gelegene Kette umfaßt die Berge zwischen „Bocca di Brenta" im Süden und Bocca di Tuckett im Norden und weist eine Fülle von Kletteranstiegen auf.

● **193**   **Brenta Alta,** 2960 m
Gewaltiges Felsmassiv nördlich der „Bocca di Brenta".

● **194 Normalweg** (A. Apollonio, G. Rossaro, De Bonifacio, M. Nicolussi 1880), I, 400 m, 1½ st E.
Südseitig wenig unter der „Bocca di Brenta" quert man zu einem Band, das zum Beginn zweier Kamine leitet. Der rechte führt auf die erste Terrasse. Auf dieser bis in die Hälfte aufwärts, fast waagrecht nach links und dann schräg links aufwärts ansteigend zur zweiten Wandstufe. Neben einem nassen Riß zunächst links aufwärts auf ein Band, dieses nach rechts und über Stufen auf die zweite große Schutt-Terrasse. Auf dieser nach rechts zur Mündung der Gipfelschlucht, die rechts ein kegelförmiger Felsturm flankiert. In der **Schlucht** bis zu ihrer

Gabelung, dann im rechten Ast aufwärts und über mäßig geneigtes Gelände mit vielen Felstrümmern und den folgenden kurzen Grat zum Gipfel.

● **195 S-Kante** (L. Miori, P. Prati 1926), III—V, 400 m, 2 bis 4 st E. Zu dieser Führe wurden etliche Varianten gemacht; die Schwierigkeit schwankt, je nachdem man sich mehr oder weniger an der Kante hält.

Von der „Bocca di Brenta" eine etwas überhängende Verschneidung hinauf, dann folgt man der Kante in luftiger Kletterei. Von der Spitze einer kleinen, losgelösten Zinne „Madonnina" einige Meter hinab zur Scharte und weiter auf die erste Terrasse. Von hier immer an der Kante, 70 m einen engen Riß benützend, auf einen zweiten Absatz. Weiter an der Kante bis unter die gelben, überhängenden Felsen. In der rechten Wand wird ein Zacken erklettert und man erreicht ein schmales Band, das sich etwa 40 m neben der Kante in der Wand verliert. Auf dem Band nach rechts, an seinem Ende quert man in gleicher Richtung schräg rechts aufwärts weiter auf eine kleine Terrasse. Von hier schräg links aufwärts zu einem Riß neben der Kante, der in den unschwierigen Felsen des Gipfelgrates endet.

● **196 Direkte W-Wand** (G. Giovannini, C. Zanini 1945), IV+, einige Stellen V, 400 m, 3—4¹/₂ st E. Diese Führe verläuft durch die hohe, graue Wand über dem Talschluß des „Val Brenta".

Auf dem „Sentiero delle Bocchette" (Nr. 305) steigt man vom Band, etwa 40 m bevor es die gelben Felsen schneidet, ein. Man klettert 15 m hinauf, einen Überhang überwindend (H) und gelangt zu dem Riß, der den Anstieg vorzeichnet. Er gabelt sich nach 200 m, der rechte Ast führt auf ein großes Band bei drei großen, überhängenden Kaminen. Man klettert unter den mittleren und durchsteigt eine rot-schwarze Verschneidung (H) an seinem linken Rand. Nun quert man an die Kante, dann teils im Kamin, teils außen, zum Gipfel.

● **197 W-Wand** (S. Agostini, H. Steger 1928), III, 400 m, 3 st E. Abwechslungsreiche, interessante Kletterei.

Wie bei R 196 zum Einstieg, der sich dort befindet, wo das Band die gelbe Wand schneidet. Man beginnt in der ersten weiten, seichten Rinne bei gut gestuften, grauen und gelben Felsen. Schöner, vom Wasser geglätteter Fels führt auf ein schmales Band, das man etwas nach rechts quert. Durch eine kaminartige Verschneidung auf ein anderes, bequemes Band. Man verfolgt es nach rechts etwa 10 m und durchsteigt eine andere Verschneidung. An ihrem Ende über eine steile Wand bis auf das große, schuttbedeckte Band, das oben die ganze Wand durchläuft und von zahlreichen Kaminen durchschnitten wird. Durch den letzten nach rechts in eine Höhle, durch ein Fenster wieder heraus und im Kamin weiter bis zu den Felsen des Gipfelgrates.

● **197a NO-Pfeiler** (G. Livanos, A. Rebreyend und M. Roberts 1965), VI/A2, 400 m, 5—8 st E.

Der Anstieg verläuft über den Plattenpfeiler nördlich der Nordverschneidung (R 198).

Wie bei R 198 zur „Busa degli Sfulmini" und an der Nordverschneidung vorbei zum Einstieg oder von der Brentei-Hütte zur „Bocchetta del Campanile Basso" und nach Osten die Rinne hinunter zum E. Zunächst über Platten schräg hinauf und durch einen Riß auf ein Band. Links einer schwarzen Wand (A2) hinauf und durch einen kurzen Riß zu einer Plattform. Über eine Platte nach links, dann weniger schwierig bis unter eine Steilstufe. Nun schräg nach rechts und durch eine Verschneidung hinauf. Man verläßt sie nach rechts, kehrt dann wieder in sie zurück und gelangt über einen Aufschwung nach links zum Beginn der gelben, überhängenden Verschneidung. Diese wird durchklettert (A2) bis auf eine Geröllterrasse. Hier nach links und durch einen Kamin unter eine gelbe, brüchige Wand. Diese 5 m hinauf, Querung 10 m nach rechts und rechts ansteigend aus der gelben Wandzone. Weiter rechts haltend wird die NO-Grat umgangen bis zu einem Kamin rechts des Grates. Nun zunächst rechts des Kamines 15 m hinauf, Querung nach links in den Kamin und durch ihn zu einer großen Terrasse. Von hier durch zwei Kamine hinauf bis unter den letzten Grataufschwung. Nun nach links in die NO-Wand und durch eine Rinne zum Gipfel.

VI

● **198 N-Verschneidung** (A. Zucchi, A. Gigi, L. Tenderini, R. Merendi 1960), VI—, 500 m, Zeit der Erstbegeher: $9^{1}/_{2}$ st. Die Erstbegeher biwakierten einmal in der Wand, geben aber als reine Kletterzeit nur $9^{1}/_{2}$ st an. Sie schlugen 31 Haken und ließen 7 zurück.

Von der Tosa-Hütte zur „Busa degli Sfulmini" oder wie bei
R 197 a von der Brentei-Hütte. E 50 m höher als der
Fußpunkt der enormen, gelben, überhängenden Kante,
die die linke Wand der riesigen N-Verschneidung begrenzt.
Ein Schuttband führt zu schwach ausgeprägten Felsstufen,
über die man schräg links aufwärtsklettert und nach einer
Seillänge einen Standplatz erreicht. Nun wird eine graue,
kompakte Wand bis zu einem bequemen Band unter einer
Reihe von Verschneidungen erklettert. Man überwindet dann
einen Block und kommt zu einem Riß in grauem, später rötlichem Fels. Dieser wird benützt, bis er überhängend wird,
dann in luftiger Querung nach rechts in eine Rinne. Diese
führt auf eine schon von unten sichtbare Kanzel (Biwak der
Erstbegeher).

Von hier gerade hinauf über eine Wand aus festem, schwar-
zem Fels, die oben leicht überhängend wird, zu einem bequemen Standplatz. Die nächste Seillänge führt durch eine
Verschneidung in luftiger Kletterei unter das erste, große,
gelbe Dach. Man quert 2 m nach rechts und vermeidet das
Dach durch Benützung der Fortsetzung der Verschneidungen.
Nun gerade hinauf über grauen Fels, der anfangs durch einen
Riß durchzogen ist. Über einem Überhang wird ein guter
Standplatz erreicht. Durch einen Kamin rechts an dem auffallenden gelben Bauch vorbei zu einer unschwierigen Rinne,
die zum Gipfel führt.

VI

● **199 NO-Wand** (B. Detassis, U. Battistata, E. Giordani
1934), VI, 500 m, 8—10 st E. Dieser Anstieg führt durch die
kompakte, gewaltige Wand links der großen N-Verschneidung. Die Erstbegeher biwakierten einmal in der Wand.
Zwei Varianten begradigen die Führe noch wesentlich. Zunächst der Weg der Erstbegeher:

Von der Tosa-Hütte zur „Busa degli Sfulmini" oder wie bei
R 197 a von der Brentei-Hütte. E am Beginn der Rinne,
die von der „Bocchetta del Campanile Basso" nach Osten herunterzieht, 20 m unter einem Pfeiler, der die Wand rechts
begrenzt. Man steigt in einem Riß 3 m hinauf, quert 3 m
nach links, überwindet einen Aufschwung von 5 m (H) und
gelangt auf ein breites, stark abfallendes Band. Auf dem
Band 20 m nach links zu seinem Ende (Stand). Von hier in
Gegendrucktechnik eine 8 m hohe Verschneidung hinauf.

Kurz vor ihrem Ende quert man schräg nach links zu einer Nische (Stand). 30 m gerade hinauf zu einer winzigen Terrasse. Nun 6 m schräg nach rechts zu einer rötlichen Nische (Stand), weitere 20 m waagrechte Querung nach rechts zu einer schwarzen Verschneidung. 2 m abwärts zu gutem Stand. Durch die Verschneidung bis zu ihrer Hälfte (hier geht die 1. Variante [R 199a] gerade weiter), dann nach links zu H. 10 m abseilen auf ein schmales Band und nach links zu Stand. Man steigt auf ein anderes, 3 m tiefer liegendes Band ab und verfolgt es bis zu einem Steinmann. Über unschwierigere Felsen zu einer überhängenden Verschneidung und Querung 50 m nach rechts zu einem an der Wand lehnenden Felsen. Dieser wird über eine überhängende Verschneidung überwunden und weiter geht es über die Wand in Richtung zu einigen roten Nischen.

Man quert 12 m nach rechts und steigt zu einer kleinen Terrasse auf. Senkrecht weiter zu einer Nische, Querung 3 m nach links zu einem geschlossenen und überhängenden Riß. Dieser wird erklettert, bis er am stärksten überhängt. Dort quert man nach links über eine glatte Platte und über brüchige Felsen zu einem waagrechten Riß, wo eine kleine Nische Stand bietet. Man quert nach rechts in den Riß über dem Überhang und weiter bis zu einer kleinen Terrasse. Mit Hilfe eines weiten Risses wird der höher liegende Überhang überwunden und man erreicht nach 15 m eine andere Terrasse. Gesichert von oben, quert man nach rechts zu einer überhängenden Verschneidung, welche man bis zu einer Nische durchsteigt. 2 m höher quert man nach rechts und durchsteigt eine andere Verschneidung bis unter den Überhang, der sie schließt. Ausgesetzte Querung nach rechts und über unschwierigeren Fels und einen Kamin an das Ende der großen, schwarzen Wand (hier setzt die 2. Variante an). Nun schräg links über einige ausgesetzte, aber unschwierige Bänder und eine lange Kaminreihe zum O-Grat, der bis zum Gipfel verfolgt wird.

VI

● **199a Varianten zur NO-Wand** (G. Pisoni, G. Leonardi 1941). Auch die Erstbegeher dieser Varianten biwakierten einmal in der Wand.

Auf der Führe der Erstbegeher bis zu der großen, schwarzen Verschneidung. Anstatt in ihrer Hälfte die große Querung nach links zu beginnen, verfolgt man die Verschneidung noch weitere 20 m (schlechte Hakenmöglichkeiten) und quert dann etwa 40 m nach links ein dürftiges Band, welches sich bald in einen horizontalen Riß verwandelt. Mit den Händen an seinem Rand hangelt man sich bis zu einer kleinen Terrasse am Beginn der überhängenden Verschneidung des Weges der Erstbegeher, der nun weiter verfolgt wird.

VI

● **199b** Am Ende der großen, schwarzen Wand quert man nicht über die Reihe von Bändern, sondern steigt nach links auf zur Wandmitte. Über kurze Wandstellen auf ein Band und über einen Überhang (H). Weiter über die Wand auf ein anderes Band, welches zu einer schönen Verschneidung führt. In ihr 40 m hinauf und nach rechts zu einer Anzahl Terrassen unter einem überhängenden Wandteil, der durch kurze Risse von links nach rechts überwunden wird. Ein Kamin führt zum Ende der Wand, über den unschwierigen Grat bald zum Gipfel.

VI

● **200 O-Verschneidung** (A. Oggioni, J. Aiazzi 1953), VI, A2, 450 m, 8—9 st E. Diese Führe hält sich fast ausschließlich an die Verschneidung, welche die O-Flanke der Brenta Alta von unten bis oben durchzieht. Die Erstbegeher benötigten 18 st reine Kletterzeit und biwakierten einmal. Sie schlugen etwa 130 Haken und 5 Holzkeile und ließen 15 Haken in der Wand. Die Wiederholungen haben gezeigt, daß etwa 35 Haken ausreichen.

Von der Tosa-Hütte bis zur „Busa degli Sfulmini" oder wie bei R 197 a von der Brentei-Hütte und über Geröll und Schnee unter die Verschneidung. Vom kleinen Geröll- und Schrofenkegel am Wandfuß über abdrängenden, sehr brüchigen Fels gerade hinauf. Zwei kleine Überhänge werden rechts bzw. links umgangen, bis man mit einer kurzen Rechtsquerung (H) einen bequemen Stand in einer Nische erreicht.

Nun kurz nach rechts, über eine Wandstelle und die darauffolgende Rippe den H. folgend zu Schlingenstand (A 2). In einem Kamin 10 m empor zu einem abschüssigen Band. 10 m äußerst schwierig (VI) nach rechts (Schlüsselstelle) auf einen bequemen Absatz.

Über eine senkrechte Wandstelle (A 1) und durch den folgenden Kamin (IV) 25—30 m gerade hinauf und über einen Klemmblock zu gutem Stand. An kleinen Leisten einige

Meter ausgesetzte Querung nach rechts, dann an etwas überhängendem, aber gutgriffigem Fels empor und nach 20 m zu gutem Stand auf einer kleinen Kanzel (V).

An feinen Hakenrissen etwa 15 m gerade hinauf (A 1). Quergang nach links um eine Kante und durch einen weniger schwierigen Riß linkshaltend auf bequeme Absätze (Biwak der Erstbegeher). Eine Seillänge den Rissen folgend zu Stand unter einer Verschneidung. In dieser 5 m empor, dann nach rechts in die Hauptverschneidung. 30 m empor unter einen Überhang. Man weicht ihm links aus und erreicht einen Schlingenstand (V+, A 0).

Leicht rechtshaltend wieder in den Grund der Verschneidung zurück. Auf einem Absatz Stand (20 m, A 2). 40 m gerade empor und nach rechts zu Stand (erst VI, dann IV). In der Verschneidung weiter, bis man links ein breites Band erreicht (Stand).

40 m auf dem Band nach links, bis eine senkrechte Rinne den Weiterweg vermittelt (in der Mitte der Rinne H). Durch diese in leichteres Gelände. 3 Seillängen empor zum letzten, senkrechten Aufschwung. Nach rechts und im Kamin zum Grat, über diesen zum Gipfel.

VI

● **201 O-Wand (Kaminweg)** (G. Gius, G. Detassis 1945), V, eine Stelle VI, 500 m, 4—5 st E. Diese Führe verläuft links der großen O-Verschneidung R 200.

Von der Tosa-Hütte zur „Busa degli Sfulmini" oder wie bei R 197 a von der Brentei-Hütte und über Geröll zum Wandfuß. Zunächst einen schrägen Riß etwa 30 m hinauf, dann Querung nach links, um über eine gelbschwarze Wand unter ein kleines Dach zu gelangen. Hier quert man 3 m nach rechts und erreicht einen anderen Riß, der auf ein Band führt. Nun nach links und über unschwierigere Felsen 25 m empor. Von der Verengung eines Kamines aus wird derselbe benützt und nach Überwindung eines Klemmblockes lange an der rechten Kaminwand hinauf. Man er-

VI Brenta Alta, Campanile Basso von Osten

I = Brenta Alta, II = Campanile Basso (Guglia di Brenta), III = La Sentinella.
1 = R 201, 2 = R 200, 3 = R 199, 3a = 199a und b, 4 = R 198, 5 = R 204, 6 = R 210, 7 = R 209, 8 = R 213, 9 = R 197a, 10 = von der „Bocch. del Campanile Basso" (R 197a).

reicht drei Risse und wählt den linken. Danach etwa 20 m über unschwierigere Felsen, rechts an zwei anderen Kaminen vorbei und schließlich zu einer gelblichen Verschneidung. In ihr 6 m hinauf, dann Querung auf einem Band nach rechts. Zwischen zwei Rissen reitend zu den unschwierigen Gipfelfelsen.

● **202 Abstieg:** Vom Gipfel etwas nach Westen in den großen oberen Kamin. Zahlreiche Steinmänner und Steigspuren führen mit Sicherheit auf die unteren Terrassen und zum Wandfuß.

● **203 Campanile Basso (Guglia di Brenta)**, 2877 m
Ein überaus kühner, freistehender Turm zwischen Brenta Alta und Campanile Alto, dessen Gipfel wohl schon von einigen Tausend Bergsteigern betreten wurde. Der Name „Guglia di Brenta" wurde von dem deutschen Bergsteiger Schulz vorgeschlagen, setzte sich aber nur im deutschen Sprachraum durch. Der Berg bricht nach allen Seiten mit senkrechten Wänden ab, durch die eine Fülle von Anstiegen eröffnet wurde. Für den Abstieg (R 211) sind Abseilhaken mit guten Ringen in den Fels eingelassen.

VI, VII, VIII
● **204 Normalführe** (O. Ampferer, K. Berger 1899), IV, 270 m, 3—4 st E. Die Führe hat südseitig ihren Anfang, leitet dann in die O-Wand, um in der Folge nord- und westseitig den Gipfel zu erreichen. Die verwitterte Holzstange auf dem Gipfel stammt noch von den Erstbegehern. Sie hatten diese bis auf den letzten Absatz vor der Ampferer-Wand befördert, worauf sie von den Zweitbegehern auf den höchsten Punkt gebracht wurde. Die Einstiegswand (schwierigste Stelle) wurde erstmals zwei Jahre vorher bei einem Versuch der Ersterersteigung, der bis kurz unter den Gipfel führte, von dem Italiener Pooli erklettert und trägt seither seinen Namen.
Unter der Einschartung zwischen Guglia di Brenta und Brenta Alta (Bocchetta del Campanile Basso) quert man in Schrofen nach links zum gestuften Vorbau, den man bis unter die kompakte Wand (III) überwindet (Beginn der eigentlichen Schwierigkeiten, „Pooli-Wand"). Nun an der ungegliederten Wand etwa 20 m gerade hinauf, bis man nach rechts auf eine kleine Terrasse zu gutem Stand (H, Abseilring) gelangt (IV+). 2 m nach rechts und über einen kleinen

Überhang hinweg (IV). In leichtem Gelände empor zu einem kurzen Rißkamin, der auf ein Band leitet (III). Auf dem Band 10 m nach rechts, dann auf ein großes Band hinab, das 30 m nach rechts verfolgt wird (II). Über gutgriffigen Fels mit kurzen Rissen in eine gelbrote Einbuchtung (Abseilring, III+). Von hier ziehen zwei enge Kamine V-förmig empor. Man benützt den rechten, überwindet eine Verengung und quert ausgesetzt nach links, wo gutgriffiger Fels auf ein weiteres großes Band (Stradone Provinciale), das horizontal durch die N-Wand zieht, leitet. Auf dem Band bis um die NW-Kante zur Schulter. Nun leitet ein System von Rissen und ein kurzer Stemmkamin nach 50 m auf einen Absatz (Albergo al Sole), III+. **Achtung**: Nicht weiter rechts auf den großen Absatz!

Nun 10 m gerade hinauf zu einem Abseilring und wenige Meter links hinauf zu einem kleinen Absatz an der NW-Kante (H, IV). Beginn der ausgesetzten „Ampferer-Wand". Zuerst 3 m nach links zu Ringhaken, dann an kleinen Griffen 7 m gerade hinauf in eine kurze Rißverschneidung, durch sie weiter gerade empor zum Abseilring (IV+). Schräg links aufwärts zum Gipfel (III).

VII

● **205 Direkte S-Wand** (M. Stenico, M. Navasa 1962), VI+, A 3, 390 m, 10—15 st E. Die einzige Route, die ganz unten einsteigt und gerade bis zum Gipfel führt. Fester Fels, bis auf den unschwierigeren Mittelteil.

Die Erstbegehung mußte zunächst am ersten Tag unterbrochen werden, wurde dann schließlich mit einem Biwak durchgeführt. Es wurden über 100 Haken, etwa 10 Holzkeile und im letzten Wanddrittel 15 Bohrhaken geschlagen. Die Bohrhaken befinden sich in der Wand.

Die Führe ist gekennzeichnet durch die deutliche Rißverschneidung, die etwas von links nach rechts die ersten zwei Drittel der Wand durchläuft. Im oberen Teil gibt ein kurzer, schwarzer, nasser Riß, der von unten gut sichtbar ist, die Richtung an. Links des letzten Gürtels von Dächern steigt man zum Gipfel aus.

Vom „Val Brenta Alta" zu der Schlucht, die von der Scharte zwischen Campanile Basso und Brenta Alta („Bocchetta del Campanile Basso") herabzieht. An der großen SW-Verschneidung (R 206) vorbei und über ein kurzes Band zum Beginn der Wand.

Vom äußersten rechten Ende des Bandes einige Meter hinauf und waagrecht nach links auf einer kleinen Leiste zu der Rißverschneidung, die etwa 200 m hochzieht und auf ein bequemes Band führt (Steinmann). Von hier durch eine 60 m hohe, gelb-rote weite Verschneidung, die sich als schwarzer, überhängender Riß (Holzkeile) fortsetzt. Nach einigen Metern mit weniger steilem Fels zu einer großen Nische im Mittelteil der Wand. 40 m gerade empor über graue, geneigtere Felsen zu einer kleinen, weißlichen, brüchigen Verschneidung, die schräg von links nach rechts verläuft. Man durchsteigt sie, überwindet einen kurzen Riß und erreicht eine weite, geneigte Terrasse am Fuße einer großen, gelben Verschneidung. In dieser eine Seillänge hoch, dann kurze Querung nach rechts mit Hilfe einer großen Schuppe. Man erreicht ein schmales Band in Höhe der „Stradone provinciale" des Normalweges. Am linken Ende des Bandes gerade hinauf (die alten Haken gehören zu einer anderen S-Wandführe) über die gelbe Wand in Richtung zu dem erwähnten auffallenden, schwarzen, nassen Riß (A 3). In ihm einige Meter empor, dann links heraus und gerade hinauf zu den letzten Dächern (A 3). Einige Meter waagrechte Querung nach links (Karten der Erstbegeher) zu schwarzen Felsen. Wenige Meter empor auf eine kleine Terrasse, wo die Schwierigkeiten enden. Durch eine breite Verschneidung bald zum Gipfel.

VII

● **206 SW-Verschneidung auf die W-Schulter** (O. P. Smith, R. Fehrmann 1908), IV, oben Stellen V, 300 m, 3—5 st E. Begeisternde Kletterei in bestem Fels. Der Anstieg folgt der großen Verschneidung, die durch die breite W-Schulter und die SW-Wand gebildet wird und auf der W-Schulter endet. Die folgerichtigste und am meisten benützte Fortsetzung ist die über den Normalweg bis zum „Albergo al sole" und von da weiter über die SW-Wand, die gleich anschließend an den „Fehrmann-Weg" beschrieben ist.

Wie bei R 205 zum E, welcher durch zwei im Fels steckende Eisenstangen markiert ist. Die große Verschneidung beginnt

VII Campanile Basso (Guglia di Brenta) von Südwesten

1 = NW-Kante (Franceschini-Stenico), VI, 2 = R 208, 3 = R 206a, VI—, 4 = R 206, 5 = R 205, 6 = R 204, 7 = R 207.

unten mit einer Art Pfeiler, dessen linke Seite eine steile, rißdurchsetzte, schräg von links nach rechts geneigte Rampe
bildet. E etwa 70 m über dem Fußpunkt der W-Schulter, 2 Seillängen durch die Risse in der Rampe empor zu einer kleinen
Terrasse. Von hier umgeht man die Kante des Pfeilers nach
rechts und erklettert eine griffarme Platte, die zum eigentlichen Beginn der Verschneidung führt. Diese wird sprei zend
in herrlicher Kletterei durchstiegen, bis sie sich nach etwa
50 m unter gelben Überhängen schließt. Hier steigt man
nach rechts aus an die Kante, die die rechte Verschneidungswand begrenzt. An der Kante empor bis zu einer Art Nische,
wo die Wand sich erneut aufsteilt.
Etwas links der Nische durch einen teilweise überhängenden
Riß, der durch eine losgelöste Felsplatte gebildet wird. Nach
Überwindung des Risses nach links zurück in den Verschneidungsgrund, der hier von einem langen, engen Riß durchlaufen wird. Diesen Riß benützt man etwa 120 m, bis er sich
vertieft und in einer Höhle, unter einem großen Dach, aus-
läuft. Aus der Höhle steigt man im Grunde durch ein meist
nasses Loch auf der W-Schulter aus.

VII

● **206a   SW-Kante auf die W-Schulter** (G. Graffer und A.
Miotto 1934), V+, A 1, 350 m, 5—7 st E.
Wie bei R 205 zum E., der sich allerdings etwa 50 m unterhalb der großen SW-Verschneidung (R 206) befindet. Man
steigt leicht 30 m empor auf eine Schutterrasse und erreicht
durch eine kurze Querung einen Riß, welcher zwei Nischen
verbindet. Nun 4 m nach links, 2 m hoch, dann 10 m Querung nach rechts zur Kante. Diese verfolgt man 15 m, quert
10 m nach links, klettert gerade hinauf (7 m) und quert dann
35 m schräg links aufwärts über eine graue Wand zum
1. Band. Nun quert man nach rechts bis zu einem Riß in der
grauen Wand und verfolgt ihn etwa 50 m, um einen bequemen Absatz zu erreichen. Von hier 4 m nach rechts und
gerade hinauf bis unter einen gelben Überhang, welchen man
2 m links umgeht. Jetzt 70 m senkrecht empor auf ein Band
(schwierigste Stelle), weiter 50 m über einen Riß und zurück
zur Kante. Querung 6 m nach links und 40 m gerade hinauf
bis unter die großen roten Überhänge, welche schon von
unten gut sichtbar sind. Eine gelbe, 30 m hohe Verschneidung führt schräg nach links auf eine weite Terrasse hinauf.
Von dieser 4 m empor und 15 m nach links querend zum

Beginn eines Kamins, der sich fast an der NW-Kante befindet und bis zur Kante durchstiegen wird. Jenseits dieser Kante führen gestufte Felsen auf die Schulter.

Von der Schulter leitet ein System von Rissen und ein Stemmkamin auf einen Absatz, der den Namen „Albergo al Sole" trägt. Von hier weiter über die

VII

● **207** **SW-Wand** (C. F. Meade, P. Blanc 1909), V—, 50 m, 1 st.

Von der äußersten Ecke der Terrasse „Albergo al Sole" umgeht man die Kante und steigt einige Meter ab. Nun in die fast 400 m abbrechende Wand und leicht schräg nach links bis zu einem kleinen Absatz (H). (Hierher kann man auch direkt von der Terrasse, ohne die Kante zu umgehen, gelangen.) Nun direkt über die senkrechte, ausgesetzte Wand bis zu einer Nische. Von hier nach links auf ein Band und über einen Überhang zum Gipfel.

VII

● **208** **W-Wand auf die W-Schulter** (A. Aste, A. Miorandi 1961), VI+, 350 m, 8—12 st E.

Die Erstbegeher schlugen etwa 40 Haken und 1 Holzkeil und ließen etwa 12 Haken in der Wand. Armando Aste hält diese Freikletterei für die schwierigste in der Brentagruppe. Die Führe läuft durch die Mitte der Wand, die von der W-Schulter zum Weg auf die „Bocca di Brenta" herabfällt. Als Anhaltspunkt dient ein auffallender weißlicher Fleck zwischen den großen gelb-roten Überhängen in der Wandmitte.

Rechts vom tiefsten Punkt der Wand steigt man in eine Art Verschneidung, verläßt sie nach links und klettert gerade empor über rißdurchsetzte Platten bis unter ein großes, gelbes Dach zwischen schwarzen Platten, die rechts des Daches überklettert werden (H). Jetzt gerade hoch, schließlich über Platten zu den Überhängen. Eine Seillänge in einer überhängenden Verschneidung zu einem Eishaken. Nach links, dann gerade hinauf (H) über Platten bis zu einer Zone von Leisten. (30 m links Biwakmöglichkeit). Jetzt rechts einige Meter (H) zu einer weißlichen Verschneidung unter einem großen Dach. Man ersteigt die Verschneidung und verläßt sie nach rechts (H). Weiter schräg rechts (H), wo nach 6 m eine Nische erreicht wird. Mittels höher sitzendem Haken Querung etwa 15 m nach rechts (H) und zu gutem Stand 5 m höher. Von hier weiter gerade hinauf in Wandmitte über Platten, bis man zur NW-Kante queren kann, wo man einen Kamin erreicht und bald unschwierigere Felsen findet, die zur W-Schulter emporführen (man kann auch über die letzten roten Felsen gerade aussteigen).

Von der W-Schulter entweder über den Normalweg, R 204, oder die SW-Wand, R 207, zum Gipfel.

VI

● **209 O-Wand, Preuß-Wand** (P. Preuß allein 1911), IV, einige Stellen V, 120 m vom Band aus, 2 st E. Sehr elegante, ausgesetzte Kletterei in gutem Fels. Sie führt durch die schmale, graue Wand, die sich senkrecht über dem großen Band „Stradone Provinciale" des Normalweges aufbaut.

Vom Band „Stradone Provinciale" steigt man in der Nähe eines kleinen Zackens, der sich wenig links der Wandmitte befindet. Etwas schräg nach rechts zu einer gelben, überhängenden Verschneidung, unter der man über die graue Wand nach rechts quert. Dann gerade hinauf in Richtung zu einem gelben Fleck. Vorher quert man nach links, weit spreizend (H), zu einer kleinen Terrasse unter einem kleinen Dach, das von einem Riß durchzogen ist (der Originalweg geht, anstatt nach links zu queren, schräg nach rechts an drei kleinen, auf gleicher Höhe liegenden Nischen vorbei). Mit Hilfe des Risses überwindet man das Dach. Weiter in einer schlecht ausgeprägten Verschneidung und dann über kurze Wandaufschwünge und -stufen, rechts haltend, in Richtung zu einer anderen gelben Nische (Steinmann). Über ein enges Band nach rechts, über eine Wanddepression und die nun weniger steile Wand nach rechts. In der Nähe der N-Kante kehrt man nach links zurück und erreicht über ein Band ein anderes, höher liegendes Band, das weiter nach links zu einem kleinen, schwarzen Kamin führt, durch den der Gipfel erreicht wird.

VI, VIII

● **210 SO-Kante** (P. Fox, R. Costazza, A. Disertori, L. Golser 1937), V+, 200 m, 2—4 st E. Ungewöhnlich elegante Kletterei, die sich fast ausschließlich an der Kante bewegt. Auf der Normalführe bis über die „Pooli-Wand" zum ersten Band. Nun 20 m über unschwierigen Fels empor und dann in einer offenen Verschneidung weiter. An deren Ende auf die linke Seite der Kante und über eine Wand gerade hoch bis

zu dem großen, schuttbedeckten Band („Stradone provinciale"), wo weiter rechts die Preußwand (R 209) beginnt.
Hier zum linken Rand der Wand und 2 m rechts der Kante 20 m gerade empor, Querung 1 m nach links und über einen Überhang. Weitere 20 m gerade hinauf zu gutem Stand in einer Nische. Hier verliert die Kante an Steilheit. Jetzt wenig nach rechts zu einer kleinen, 30 m höher liegenden Terrasse. Dann zuerst nach rechts und wieder zurück nach links an die Kante. Weiter empor bis zu einer Gratstufe und über eine kleine Verschneidung und gestufte Felsen zum Gipfel.

● 211 Der **Abstieg** läßt sich durch die eingelassenen, kompakten Abseilhaken fast ganz durch Abseilen bewältigen (mindestens ein 40-m-Seil erforderlich!).
Der erste Haken befindet sich ein paar Meter unter der Gipfelfläche, wo der Normalweg heraufkommt. Von ihm aus erreicht man einen kleinen, luftigen Absatz an der NW-Kante. Weiter auf der W-Seite durch den langen Kamin zur „Stradone provinciale". Dieses Band verfolgt man bis zu dem linken (im Abstiegssinne) zweier Kamine, über den man weiter abseilt, bis zu einem großen Band. Auf ihm 20 m nach rechts (im Sinne des Abstiegs) und leicht empor in eine kleine Scharte. Durch eine Rinne und über leichtes Gelände rechts abwärts zur „Pooli-Wand" des Normalweges. Nach einer letzten Abseilstelle von 20 m auf eine Kanzel und durch eine schräge Rinne auf die Scharte.

● 212 La Sentinella
Winziger, spitzer Gendarm auf der SO-Schulter des Campanile Alto, wenig über der Bocchetta del Campanile Alto. Östlich davon erhebt sich der Vorgipfel, der zur Busa degli Sfulmini mit einer hohen, schönen Wand abbricht.

VI, VIII
● 213 **O-Wand des Vorgipfels** (G. u. P. Graffer 1937), V, 250 m, 2—3 st E. Sehr interessante Kletterei, die die lange, senkrechte Verschneidung benützt, welche den oberen Wandteil durchzieht.
Von der „Busa degli Sfulmini" zum Wandfuß empor; E senkrecht unter der besagten Verschneidung. Eine Seillänge leicht rechts haltend hinauf, dann nach links zum linken der beiden Risse, die die Wand durchziehen. Unter einer Nische hält man sich in Richtung zu der roten Wand, überwindet einen

Überhang und durchsteigt den Riß bis auf ein Band. Von hier erneut im linken Riß weiter, später in den rechten überwechseln, der auf eine kleine Terrasse führt. Nun 6 m senkrecht hinauf, dann schräg nach links zu der großen Verschneidung. In ihr 30 m empor und Querung in den rechten Riß, dann schräg zum linken über dem Überhang, der ihn sperrt. Weiter dem Kamin folgend direkt zum Vorgipfel.

● **214 Abstieg:** Vom Vorgipfel über den unschwierigen Grat hinunter zur Scharte zwischen Sentinella und Vorgipfel. Von hier nach Süden die unschwierige Rinne hinab zum Weg.

● **215**   **Torrione Comici**

Er befindet sich am westlichen Ende der Schutterrasse am Fuße der S-Wand des Campanile Alto und bricht ins „Val Brenta" mit einer senkrechten Wand ab.

● **216 W-Wand** (B. Detassis, W. Sgorbati, S. Disertori, C. Scotoni, R. Graffer 1941), V, einige Stellen VI, 250 m, 4 st E. Anregende Kletterei, die der Verschneidung folgt, die durch die zum Sentiero dei Brentei, Nr. 318, abbrechende Wand läuft, gleich links eines tiefen Kamins.

Vom Weg Nr. 318 zur Wand und zum Beginn der langen Verschneidung hinauf. In ihr 25 m überhängend empor bis zu einer kleinen Terrasse. Man quert 1 m nach rechts und folgt weitere 30 m dem Riß. Am rechten Rand haltend senkrecht empor zu einem Absatz mit zwei Nischen. Weiter auf der rechten Seite bleibend, gewinnt man einen anderen, 15 m höher liegenden Absatz. Durch den Riß, der die Wand links durchzieht, auf einen Standplatz. Man folgt lange einem Riß und einer überhängenden Kante bis zu einer großen Nische. Den darüberliegenden Überhang überklettert man und folgt 25 m dem überhängenden Riß. Dann weiter in der rechten Wand zu einer kleinen Terrasse. Immer im Riß, der zuletzt wieder überhängend wird, direkt zum Gipfel.

● **217 Abstieg:**
Über unschwierige Bänder und die Schutterrasse am Fuße der S-Wand des Campanile Alto hinunter zum „Sentiero delle Bocchette" nahe der Sentinella.

● **218**   **Campanile Alto,** 2937 m

Wuchtiger, kühner Turm, der sich gleich nördlich des Campanile Basso frei erhebt. Er entsendet zur „Busa degli Sfulmini", zur Schutterrasse der Sentinella und zur Schlucht, die von der „Bocchetta degli Sfulmini" herabzieht, eindrucksvolle Wände.

● **219 Normalweg** (G. Merzbacher, B. Nicolussi 1885), II, 1—2 st E.

Vom „Sentiero delle Bocchette" aus durchläuft man eine Reihe von Bändern, die die O-Seite des Campanile Alto durchziehen. Durch kurze Schuttrinnen zur „Bocchetta Bassa degli Sfulmini" zwischen Campanile Alto und den Sfulmini, hinauf. Von hier über einen seichten Riß schräg nach links und nach 30 m nach rechts zu einer Reihe von Bändern, die die Kante umgehen. Auf der anderen Seite über unschwierigen, schönen Fels hinauf zum Beginn des riesigen Kamins. Die großen Blöcke, die ihn sperren, werden mit Hilfe der Risse zwischen Wand und Klemmblock überklettert oder in der linken Wand umgangen. Oben erreicht man die Schlucht, die zwischen den beiden Gipfelpunkten des Campanile Alto herabzieht, und steigt in ihr einige Meter hinauf. Dann über Bänder nach links zu der gestuften Wand, die über Platten erreicht wird. Über Bänder zu einem steilen Kamin, der zum Gipfel führt.

VIII

● **220 ONO-Wand** (I. Lunelli, V. E. Fabbro 1911), III+, einige Stellen IV, 170 m, 1—2 st E. Für diese Führe gibt der senkrechte Kamin, der von der Einschartung zwischen den beiden Gipfelpunkten herabzieht, die Richtung an. Wenn er nicht zu naß ist, bietet er eine schöne Kletterei.

Vom „Sentiero delle Bocchette" in Richtung zu besagtem Kamin. Man steigt in die Wand ein, vor der Schlucht, welche von der „Bocchetta Bassa degli Sfulmini" herabzieht.

Durch den engen, tiefen Kamin zu einem Band (es führt nach rechts zum Normalweg). Man folgt ihm nur wenige Meter nach rechts und dann der Rinne, die von der Einschartung zwischen den beiden Gipfelpunkten herabkommt. Sie wird bald tiefer und von einigen Überhängen gesperrt. Schließlich durch eine unschwierige Schuttrinne zum Normalweg und über die linke Wand auf den Gipfel.

VIII

● **221 O-Wand** (M. Brovelli, S. Antonini 1935), IV, einige Stellen V, 450 m, 4 st E. Interessante, ausgesetzte Kletterei, die schon unten im Kar „Busa degli Sfulmini" beginnt.

Wo der Schnee am höchsten in die Wand hinaufreicht, steigt man über brüchige Felsen nach links zu einer abschüssigen

Terrasse, über der drei Kamine und eine kleine Schlucht die Wand durchziehen. Man quert nach links und durchklettert den zweiten Kamin bis zu seinem Ende. Hier schräg nach rechts zu einer weißlichen, brüchigen Rinne, die auf das Band, über das der „Sentiero delle Bocchette" geht, führt. Über dem Weg in einen gelblichen, überhängenden Kamin, der auf ein Band führt. Hier einige Meter nach rechts und 10 m einen schwarzen Riß hinauf. Man verläßt ihn, um nach 15 m nach rechts zu queren, wo über eine schwarze Wand ein enges Band erreicht wird. Dieses verfolgt man nach links, bis es sich in der Wand verliert, und quert 12 m ausgesetzt eine glatte Wand. Man erreicht einen Zacken, klettert 25 m über eine weitere schwarze Wand und einen gelben Riß 8 m empor auf ein anderes Band. Hier nach rechts zu gestuften Felsen, wo ein schwarzer Riß zu einer Nische leitet. 10 m nach rechts zu unschwierigen Felsen und in den Kamin, durch den der Normalweg zum Gipfel führt.

● **222 SSO-Kamin** (B. Tomasson, M. Bettega, B. Zagonel 1903), II, 170 m, 1—1¹/₂ st E. Die Führe benützt den tiefen Kamin, der rechts die S-Wand begrenzt.
Auf dem „Sentiero delle Bocchette" auf die Schutterrasse der Sentinella. In der Schlucht, die zur Sentinella schaut und oben enger und tiefer wird, empor. Wo sie zu eng wird, kann man sie über Bänder nach rechts verlassen und über gestuften Fels emporklettern, bis ein unschwieriges Zurückkehren möglich ist. Bei dem großen Block, der sie sperrt, verläßt man sie erneut nach rechts auf eine Schulter. Von dieser über unschwierige Felsen zum Gipfel.

● **223 S-Wand** (W. Paulcke, W. v. Frerichs 1897), III—, 170 m, 1—2 st E.
Eine der am häufigsten wiederholten Führen mit eleganter, ausgesetzter Kletterei, die durch die Variante R 223a noch verbessert werden kann.
Die Wand schaut zum Campanile Basso und erhebt sich senkrecht über der Schutterrasse der Sentinella. Viele enge Bänder durchziehen sie waagrecht.
Vom „Sentiero delle Bocchette" auf die Schutterrasse. Hier in der Schlucht, die die S-Wand rechts begrenzt, hinauf. Den ersten Überhang umgeht man nach links. Nach dem zweiten quert man nach links in die Wand. Ein enger Kamin in der linken Wand der Schlucht führt dann zu einer kleinen Ein-

schartung, wo man die Schlucht verläßt und den Rand der
S-Wand erreicht. Von hier leitet ein schmales, langes Band
ausgesetzt in die Wand hinein. Man verfolgt es bis zu einem
großen Block, der auf dem Band ruht (hierher direkt vom
Wandfuß mit R 223a).

Gleich vor dem Block in die Wand und über eine erste Stufe.
Über schmale Leisten ein wenig nach links und etwa 100 m
höher, leicht links haltend, in Richtung zu einer kleinen
Schulter an der Kante, die die Wand links begrenzt. Hinter
der Kante leitet eine Schlucht zum Gipfel.

● **223a Variante zur S-Wand** (S. Agostini, T. Gessmann
1931).

Man steigt am Wandfuß ein, von wo eine Reihe von etwas
schräg verlaufenden Kaminen emporzieht. Am Beginn des
letzten Kamines, etwa 50 m unter dem Band, wo der Originalweg R 223 beginnt, nach links in die Wand und zuerst
gerade, dann schräg nach links empor. Man erreicht ein Band,
das man 8 m verfolgt. Von seinem Ende gerade hinauf über
die ausgesetzte Wand erreicht man das Band R 223 bei dem
großen Block, der darauf ruht. Nun weiter wie R 223.

I

● **224 Direkte S-Wand** (R. Videsott, G. Graffer 1927), V—,
500 m, 3—6 st E. Diese Führe beginnt schon unten bei den
Felsen über dem Brenta-Tal. Gleich links der Schlucht, die
zwischen Campanile Alto und Campanile Basso herabzieht,
wird die Wand von einem tiefen, engen, etwa 200 m langen
Kamin durchzogen. Dieser vermittelt den Durchstieg im
unteren Teil.

Vom Weg Nr. 318 über Geröll zum Wandfuß und zu besagtem Kamin. Dieser wird, einige Überhänge überwindend,
ziemlich mühsam durchklettert und führt auf die große Schutt-
terrasse unter der S-Wand. Man durchläuft sie in der gleichen
Richtung und kommt zu einer grauen Wand, die an den
Seiten von zwei Kaminen durchzogen ist. Im linken 40 m
empor und dann weiter in einem etwa 100 m langen Kamin,
welcher leicht schräg nach rechts zieht. Ein breiter Riß, der
von unten nicht sichtbar ist, ermöglicht den Anstieg bis zum
Band, wo R 223 beginnt. Auf dem Band 40 m nach links und
dann in Wandmitte gerade hinauf über die ausgesetzte Wand
bis zu einem letzten breiten Band, etwa 50 m unter dem

VIII Sfulmini-Kette von Osten. I = Campanile Basso (Guglia), II = Campanile Alto, III = Sfulmini, IV = Torre di Brenta. Der kleine Turm zwischen I und II = La Sentinella, links davon die Bocchetta del Campanile Basso; zwischen II und III die Bocchetta Basso degli Sfulmini, zwischen III und IV die Bocchetta Alta degli Sfulmini. Am rechten Bildrand die Bocca degli Armi. 1 = Via delle Bocchette (Armani-Fedrizzi), VI; 3 = R 204; 4 = R 210; 5 = R 221; 6 = R 220; 7 = SO-Wand (Giardini-Antonini), IV; 8 = R 230; 9 = O-Wand (Holzhamer-Ibscher-Schuster), III; 10 = R 213.

Foto: Toni Hiebeler

Gipfel. Nach rechts auf unschwierigere Felsen und etwas links haltend zur Schlucht, die zum Gipfel führt.

● **225 W-Kante** (H. Hartmann, G. v. Krauss 1927), IV, 600 m, 3—4 st E. Bekannter, gerne ausgeführter Anstieg.

Vom Weg Nr. 318 in wenigen Min. über Geröll hinauf zum Sockel, an dessen linker Seite der E. Von einem kleinen Absatz gleich links der Kante an einem schmalen Riß über die graue, glatte Platte. Dann etwa 100 m gerade hinauf über gutgestuften, rißdurchsetzten Fels auf die erste Gratschulter. Die schwierigste Stelle der Führe, der schwarze schmale Riß, wird zur Hälfte überwunden, dann über die gelbe, schwach ausgeprägte Kante und durch den anschließenden Kamin auf die zweite Gratschulter.

Der dritte Aufschwung wird wenig rechts der Kante durch einen Riß angegangen, dann nach links an die Kante queren. Sie ist von hier ab sehr scharf, senkrecht und sehr ausgesetzt, bietet aber festen, gutgriffigen Fels, so daß die Kletterei hinauf zur dritten Gratschulter ein wahrer Genuß ist. Weiter in sehr schöner Kletterei direkt an der Gratschneide, bis ein auffallendes Dach den geraden Anstieg sperrt. Man hält sich an die linke Wand, die eine Umgehung des Daches erlaubt, und erreicht darüber bald wieder die Kante. An ihr hinauf zur letzten Gratschulter.

Diese ist vom Hauptmassiv durch eine enge, tiefe Einschartung getrennt. Man seilt am besten 20 m ab, um über die steile, gegenüberliegende Wand wieder den Grat zu erreichen. An seiner linken Seite sehr steil durch kurze Kamine weiter zu einer kleinen Scharte bei einem kleinen, kühn geformten Gendarm. Von hier durch den Riß zum großen Band, das horizontal in die S-Wand führt. Auf dem Band nach rechts, bis man links oben die Scharte zwischen den beiden Gipfeln sieht. Über die steile, aber gutgriffige Wand hinauf in die Scharte und von dort zum Gipfel.

● **226 NW-Wand** (A. Oggioni, J. Aiazzi 1954), IV, einige Stellen V, 600 m, 3—5 st E. Sehr schöne Freikletterei.

Vom Weg Nr. 318 über Geröll zum Einstieg unter der Verschneidung. Über eine Platte zu dem Kamin empor, der von unten gut sichtbar ist. Nach dem Kamin über Verschneidungen und Risse bis zu einer Terrasse rechts des von unten sichtbaren Daches. Hier wenig rechts und dann schräg links in die große Verschneidung. Diese wird mit Hilfe eines Risses bis unter ein Dach durchstiegen, das nach links über ein schmales Band umgangen wird, welches zur Schulter führt. Von dort quert man etwa 50 m nach links die ganze NW-Wand. Eine lange Reihe von Aufschwüngen, Verschneidungen und kurzen Wandstellen überwindend, kommt man am Fuß des Turmes an. Weiter nach links zu einer grauen, unregelmäßigen Verschneidung. Sie wird in ihrer ganzen Länge durchstiegen und führt auf ein großes Band. Auf diesem Band nach rechts und über unschwierige Felsen zum Gipfel.

● **227** **NNW-Wand** (G. Pisoni, M. Armani 1939), V, 350 m, 4—6 st E. Die Wand erhebt sich aus der engen Schlucht, die zwischen Sfulmini und Campanile Alto herunter zieht. Sie ist von zwei riesigen, 200 m hohen Kaminen durchzogen, die etwa 40 m voneinander entfernt sind.

Vom Weg Nr. 318 zur Schlucht und in ihr hinauf bis unter die besagten Kamine. Im linken empor bis auf ein breites Band am Fuße eines schlanken, von der Wand losgelösten Turmes zwischen den beiden Kaminen. Hier quert man etwa 10 m nach rechts und gelangt über unschwierige Wandstellen in einen Kamin, der von großen Blöcken gesperrt ist. Spreizend nach 40 m in die Einschartung zwischen dem Turm und der Wand. Man ersteigt den Turm, steigt einige Meter über seine W-Kante ab und quert dann in die Wand etwa 8 m waagrecht nach rechts. Nun senkrecht hinauf zu einer gelben Nische. Man klettert nach rechts hinaus, überwindet einen Überhang und gelangt über eine ausgesetzte kurze Wand zu einem luftigen Absatz. Über ein schmales Band quert man waagrecht zu dem rechten Kamin. In ihm über eine Rißreihe höher. Weiter in gleicher Richtung zu gestuften Felsen mit Bändern und Absätzen. Hier schräg nach links und in einem Trichter unschwierig auf das große Band, das die ganze Wand durchzieht. Das letzte Wandstück wird in der Mitte durch einen unschwierigen Kamin überwunden, der am N-Gipfel endet. In die Einschartung hinab und von ihr aus unschwierig zum Gipfel.

● **228** Der **Abstieg** über die O-Seite kann kaum verfehlt werden, da er von vielen Steinmännern angezeigt wird. Zuerst östlich durch eine Rinne hinab, dann nach links über Schrofen zum tiefen „Merzbacher-Kamin". Durch ihn hinunter, anschließend nach links auf die Val-Brenta-Seite, wo man über Schutt, ein waagrechtes Gratstück, dann über

Wandstufen und Bänder auf ein großes Band absteigen kann. Auf ihm wieder in die O-Seite und ohne besondere Schwierigkeiten hinab in die „Bocca degli Sfulmini" und auf den „Sentiero delle Bocchette".

● **229** **Die Sfulmini,** 2910 m

Vier große, kühne Felstürme, auf einem gemeinsamen Sockel stehend, zwischen Campanile Alto und Torre di Brenta. Zwischen Campanile Alto und den Sfulmini befindet sich die „Bocchetta Bassa degli Sfulmini"; zwischen den Sfulmini und Torre di Brenta die „Bocchetta Alta degli Sfulmini".

VIII

● **230** **Normalweg** (A. Baum, H. Holzgruber, A. Seidl, F. Schösser 1907), II, 1 st E.

Auf dem „Sentiero delle Bocchette" bis in die Nähe der „Bocchetta Bassa degli Sfulmini" und um einen Felszacken herum. Dann eine unschwierige Rinne hinauf in die Schlucht, die von der Einschartung zwischen erstem und zweitem Gipfel herunterzieht. In ihr über zahlreiche Klemmblöcke hinauf und bei einem Querriegel nach rechts. Zurück in den Schluchtgrund und hinauf bis zur Einschartung zwischen den zwei Gipfeln. Von hier nach links über gestufte Felsen und eine unschwierige Rinne zum südlichen Gipfel, während man über die steilen, aber gut gestuften Gratfelsen den nächsten, und von ihm zu einer Einschartung absteigend, unschwierig den höchsten Gipfel erreicht.

● **231** **Überschreitung** (S. und M. Agostini, B. Detassis, A. Kahn 1928), II, einige Stellen III, 3 st E. Interessante Tour.

Auf dem „Sentiero delle Bocchette" bis zu der Rinne, die von der „Bocchetta Bassa degli Sfulmini" herabzieht. In ihr hinauf, zwei Blöcken, die sie sperren, rechts ausweichend zur Einschartung zwischen dem S-Gipfel und einem Gendarm. Man folgt lange dem unschwierigen Grat, dann steigt man über die steile Wand des S-Gipfels, eine Rißreihe und wenig tiefe Kamine und kommt zu einem kleinen Grateinschnitt. Von hier über eine kleine, senkrechte Wand und eine kurze Rinne zum S-Gipfel. Durch eine unschwierige Rinne und über Felsstufen auf der entgegengesetzten Seite hinab in den Einschnitt vor dem zweiten Gipfel. Über einen Spalt spreizend hinauf und über die gestuften Gratfelsen zum zweiten Gipfel, Punta Centrale. Immer am Grat zur nächsten Scharte hinunter, von der aus man unschwierig den dritten und höchsten Gipfel erreicht.

Nun nach N durch einen Spalt und lange in der NO-Flanke hinunter zu einer Scharte. Von hier führt ein Band auf die O-Seite. Über steile Felsen auf den N-Gipfel.

Von hier aus folgt man dem scharfen N-Grat, kehrt in die O-Seite zurück, quert zum letzten Absatz des N-Grates und steigt dann über die W-Seite ab zur Scharte „Bocchetta Alta degli Sfulmini". Nun durch die tiefe Schlucht in der O-Seite, den Schwierigkeiten rechts ausweichend, hinunter zum „Sentiero delle Bocchette" oder weiter ins Kar Busa degli Sfulmini.

● **232 Abstieg:** Vom höchsten Sfulmini-Gipfel durch einen auffallenden Spalt und eine steile Wand zur Scharte zwischen dem höchsten und dem N-Gipfel hinab. Nun schräg hinunter über Bänder und Stufen zum Gratvorsprung, von dem man über gestufte Felsen in die W-Seite absteigt zur „Bocchetta Alta degli Sfulmini". Von hier durch die tiefe Schlucht in der O-Seite, den Schwierigkeiten rechts ausweichend, hinunter zum „Sentiero delle Bocchette".

● **233 Torre Prati, Torre Bianchi, Torre Nardelli**

Wenig unterhalb der „Bocchetta Alta degli Sfulmini", am Fuße der SW-Wand des Torre di Brenta, schiebt sich ein scharfer, gezackter Nebengrat nach Westen, der den Gletscher „Vedretta degli Sfulmini" im Süden begrenzt. Die wichtigsten Erhebungen dieses Grates sind nach drei verunglückten italienischen Bergsteigern benannt. Der Torre Prati ist der westliche, der Torre Bianchi der mittlere und höchste, der niedrigere und weniger freistehende ist der Torre Nardelli.

● **234 Normalweg** (Überschreitung) (R. Videsott, S. Agostini 1929), IV, 4 st E. Anregende, interessante Kletterei.

Vom Weg Nr. 318 über steilen Schutt, links an der W-Kante des Campanile Alto vorbei, über brüchige Felsstufen an den Fuß der roten, senkrechten Wände der drei Türme. Man geht rechts an dem schlanken, etwa 40 m hohen Turm „Bimbo di Monaco" (Münchner Kindl) vorbei und quert nach rechts unter die rot-gelbe Wand bis zu einer Verschneidung. Auf einer schmalen Leiste einige Meter nach links und, bevor man die Kante erreicht, auf eine zweite Leiste. Nun Umgehung der Kante und gerade in der Wand hoch, die von einem Riß durchzogen wird. Man hält sich gegen die Einschartung zwischen Torre Prati (links) und Torre Bianchi (rechts). Nach einer Querung nach links zu einem Kamin, den man über seine rechte Seite bis zu einem Überhang verfolgt. Man quert nach links an die luftige Kante, klettert an ihr empor, quert schließlich nach links auf einer geneigten Platte und erreicht den Gipfel des „Torre Prati".

Von hier durch Abseilen in die Scharte zwischen „Torre Prati" und „Torre Bianchi", dessen Gipfel über die N-Wand erreicht wird.

Über den Grat absteigend zur nächsten Scharte und bald zum Gipfel des „Torre Nardelli".

● 235   Torre Prati

SW-Kante (M. Armani und R. Salvadei 1932), IV, 160 m, $1^{1}/_{2}$ st E.

Vom tiefsten Punkt des Grates zwischen „Bimbo di Monaco" und Torre Prati (R 234) umgeht man einen großen Zacken nach links und kommt zu der Einschartung unter der senkrechten Kante des Torre Prati. Man verfolgt dieselbe in interessanter Kletterei. Zuerst etwa 15 m etwas schräg links, dann rechts der Kante zu einem wenig ausgeprägten Kamin. Zurück an die Kante, die man bis zum Gipfel verfolgt.

● 236   S-Wand (M. Navasa, P. Melucci 1962), VI+, A 3, 180 m, Kletterzeit der Erstbegeher 20 st E. Bei der Erstbegehung wurden etwa 90 Haken und 3 Holzkeile geschlagen und davon etwa 15 Haken, 1 Bohrhaken und 1 Holzkeil zurückgelassen.

Der Torre Prati sendet gegen das Brentatal eine gelb-rote Wand, die in der unteren Hälfte von einer Reihe von Verschneidungen durchzogen ist.

Wie bei R 234 zum Wandfuß. Bei einem Steinmann in eine markante Verschneidung und durch die ganze Reihe von Rißverschneidungen bis zu einem bequemen Band unter Überhängen, etwa 100 m über dem E. Vom Band nach links und dann gerade hinauf zu einem großen, losgelösten Block über einer gewaltigen gelb-roten Platte. Vom Block senkrecht empor (schlechte Hakenmöglichkeiten) und, sobald es möglich ist, nach links. Dann gerade hinauf zu einer flachen Verschneidung und weiter zu einer kleinen Nische. Über den folgenden gelben, dann grauen, später schwarzen Wandteil auf ein Band. Nun zur Kante, auf einen Zacken, kurze Querung nach links zu einer losgelösten Platte und von dort in wenigen Min. zum Gipfel.

● 237 Torre Bianchi

N-Kamin (M. Armani, E. Gasperini-Medaia, R. Zust 1937), III, Einstieg IV, 180 m, 2 st E.

Von der Brentei-Hütte auf dem Weg nach Osten bis zum „Vedretta degli Sfulmini". Hier nach rechts an den Fuß der Türme.

In die tiefe Schlucht, die von der Scharte zwischen Torre Prati und Torre Bianchi herabzieht. Im Schluchtgrund durch den Kamin hinauf und bei der Teilung im linken Ast weiter. Er führt leicht schräg nach links. Man erreicht den Grat gleich unter dem Gipfel.

● 238 Torre Nardelli

N-Wand (C. und B. Detassis, A. Gizzi 1953), IV und V, 180 m, 1—2 st E. Herrlicher Fels.

Wie bei R 237 an den Fuß der Wand. Man beginnt am Anfang eines Bandes (Steinmann), das zum Torre Prati hinführt. Nach 5 m sieht man ein Dach, das man nach links überwindet. Weiter bis zu den Rissen, die mit der linken Wand die Form zweier entgegengesetzt geschriebener Klammern annehmen. Diese Risse verfolgt man bis zu einem Überhang (Ringhaken). Dieser wird durch Gegendrucktechnik rechts überwunden und man erreicht einen Riß, in den weiter oben zwei Blöcke eingeklemmt sind. Man vermeidet den Riß, indem man, weit spreizend, nach links quert. Hier zu einer Kanzel. Nun 3 m in einer gelben Verschneidung (H). 2 m nach rechts zu dem Riß mit den zwei Blöcken. In ihm 30 m hinauf und über die anschließenden unschwierigeren Felsen zum Gipfel.

● 239 Abstieg: Über die unschwierigen Felsen des Torre Nardelli hinunter und weiter ins Brentatal.

● 240 Torre di Brenta, 3014 m

Prächtiger Felsgipfel gleich nördlich der Sfulmini. Die höchste Erhebung der Sfulmini-Kette. Charakteristisch ist das breite Schuttband, das ihn auf drei Seiten in Wandmitte durchzieht. Beliebter Kletterberg.

● **241 Normalweg (N-Wand)** (E. T. Compton, M. Nicolussi 1882), II, 300 m, 1 st E. Der Anstieg folgt den Kaminen, die die rechte Seite der N-Wand durchziehen.

Vom „Vedretta degli Sfulmini" zu dem Sockel von Felsen und Schnee, etwas rechts der Gipfelfallinie.

Über rißdurchsetzte, steile Felsen nach rechts, dann über eine schmale Leiste und eine steile Rinne zu dem untersten Zakken des W-Grates. Ihn ersteigt man schräg von links nach rechts und gelangt auf das breite Schuttband, welches in halber Wandhöhe die ganze N-Wand durchzieht. Auf dem Band etwa 80 m nach links zu einer, der ersten ähnlichen Rinne, die schräg von links nach rechts zwischen der Wand und einem an der Wand lehnendem Vorbau emporführt bis zu einer Einschartung, die durch einen Block überdacht ist. Über dem Block nach rechts in eine andere Rinne und dann über die Wand, rechts haltend, in Richtung zu der Gratscharte und von hier auf die andere Seite. Kurz unter dem Grat, Bänder und Rinnen benützend, zum Gipfel.

● **242 Direkte N-Wand** (A. Leonardi, C. u. L. Scotoni, L. de Ferrari 1943), IV+, 300 m, 2—4 st E. Schöne, interessante Kletterei.

Wie bei R 241 zum E, der sich links vom Normalweg befindet (Steinmann). Von hier 20 m gerade hinauf, zwei kleine Überhänge überwindend, worauf man 4 m in Richtung eines Risses quert, der hinaufleitet zu dem großen Band, das die N-Wand in ihrem Mittelteil horizontal durchzieht. Im Zentrum der oberen Wand zu Beginn durch einen blockgefüllten Riß, nach 20 m zu einer kleinen Terrasse. Nun weiter 30 m gerade hinauf zu einer zweiten kleinen Terrasse. Von dieser schräg links aufwärts, eine senkrechte Verschneidung durchkletternd, zu einer geräumigen Terrasse, die sich nahe der linken Wandkante befindet. Anschließend eine Seillänge hinauf zum Beginn eines Risses, der anfangs überhängend ist und in der Folge die weitere Durchstiegsmöglichkeit zum Gipfel bildet.

● **243 N-Wand** (G. Adang, Keller 1903), III, 300 m, 1—2 st. Eine der schönsten Klettereien am Torre di Brenta.

Vom „Vedretta degli Sfulmini" aus sieht man im unteren Teil der Wand, dort wo der Schnee am weitesten hinaufreicht, eine tiefe, schwarze, nasse Rinne. Etwas links davon steigt man durch einen Riß empor und erreicht dann über gestufte Felsen das große Schuttband in Wandmitte. Nun über Steigspuren zum Beginn des oberen Wandteils, wo hohe Rippen wie Säulen emporragen. Weiter durch den Kamin links der Mittelrippe. Man steigt durch die unschwierige Rinne links der rechten Rippe und über gestuften Fels zu dem besagten Kamin. Dieser wird durchstiegen, bis er in eine unschwierige Rinne übergeht. Man gewinnt den Grat und bald darauf den Gipfel.

● **244   O-Kante** (G. Pisoni, E. Castiglioni 1942), IV, eine Stelle V, 350 m, 3 st E. Die Führe folgt der gelben Kante, die von der O-Schulter senkrecht zur Rinne, welche von der „Bocchetta degli Armi" herabzieht, abbricht.

Von der „Busa degli Sfulmini" die Rinne hinauf, die zur „Bocchetta degli Armi" führt. Dort, wo sie zwischen den Felsen enger wird, nach 2 Felstürmen (Torre Trento und Torre Trieste) in die linken Felsen der Rinne. Über unschwierige Felsstufen zu einem ausgeprägten Sporn am Fuße der hohen Kante (Steinmann). In eine Art schwärzlichen Trichter etwas links der Kante, durch einen senkrechten Riß und empor bis zu einem überhängenden Wandgürtel. Wo er unterbrochen ist, wird er überwunden, und über einer gelben Platte über gegliederte Felsen quert man nach rechts. Durch steile Kamine auf das Band, über das der „Sentiero delle Bocchette" führt (Steinmänner und rote Markierungen). Auf dem Band einige Meter nach rechts, die Kante umgehend und über einen Überhang in eine kurze Rinne und den folgenden Kamin. Wo er sich unter einem Überhang schließt, nach links, und über die senkrechte Wand weiter, immer in nächster Nähe der Kante bis zu einem Gendarm, den man nach rechts umgeht. Von der folgenden Einschartung aus über die rote Schlußwand der Schulter. Nun etwas rechts der Kante durch einen tiefen, engen Riß. Wo er sich weitet und schräg nach rechts zieht, folgt man einer grauen Verschneidung und erreicht einen Absatz an der Kante. Jetzt über einen kurzen Überhang und weiter an der Kante bis auf den ersten Gratturm. Über die steile Wand und den Grat auf den Gipfel.

● **245 SW-Wand** (B. Detassis, R. Costazza 1938), V, eine Stelle VI, 180 m, 2—3 st E. Die Wand erhebt sich über der „Bocchetta Alta degli Sfulmini". Sie wird links gegen die W-Wand durch eine säulenartige Rippe und rechts durch zwei andere Rippen und Schluchten begrenzt.

Von der „Bocchetta Alta degli Sfulmini" durch die Schlucht hinab zur W-Seite und an den Fuß der Wand. Über unschwierige Stufen auf ein Band und von hier durch eine Verschneidung zu einer Terrasse (Steinmann). Jetzt über einen Überhang und weiter gerade hinauf zu einem Absatz. Nun etwas schräg nach rechts zu einer Nische und von ihr schräg nach links über unschwierigere Felsen auf eine geräumige Terrasse. Von hier führt eine Rißverschneidung zum Gipfel.

IX

● **246 W-Wand** (B. Detassis, E. Giordani, U. Battistata, P. Marimonti 1934), IV+, mit Einstiegsseillängen V+, 300 m, 2—4 st E. Elegante Kletterei in ausgesetztem, aber gutem Fels. Vom „Vedretta degli Sfulmini" an dem langen WNW-Grat vorbei zum Wandfuß. E in Wandmitte unter einem auffallenden, senkrechten, schwarzen Strich zwischen zwei gelben Wänden. Gleich über dem E über einen Überhang und über nasse Felsen etwas nach rechts bis zu einem Riß, der sich unter einem anderen Überhang befindet. Dieser wird überwunden und von der darüberliegenden Nische aus 1 m nach links gequert, dann gerade hinauf zu einem Absatz. Weiter etwa 30 m senkrecht hinauf, durch eine Art Trichter zu einem weiteren Absatz. Nun kurz nach links durch eine Verschneidung und über die anschließende Wand auf ein Band. Hier 10 m nach rechts unter den schon von unten gut sichtbaren, großen, schwarzen Fleck. Jetzt 35 m eine schöne graue Wand hinauf, 3 m nach rechts und dann 20 m schräg rechts zu einem Kamin (nicht sichtbar von unten). An seinem Ende quert man 2 m nach rechts unter einen Überhang. Nun 15—20 m gerade hinauf und ausgesetzt nach rechts querend auf einen Absatz. Rechts davon durch eine Verschneidung zu den unschwierigeren Felsen. Über sie zum Grat und bald zum Gipfel.

IX

● **247 WNW-Grat** (M. Armani, A. Giuliano 1933), IV, E V, 350 m, 3—4 st E. Eine der interessantesten Führen am Torre di Brenta.

Da durch Gletscherrückgang nicht mehr am Fußpunkt des Grates eingestiegen werden kann, benützt man jetzt besser R 241 und quert am Westgrat vorbei bis man den WNW-Grat erreicht. Von der ersten Gratschulter über die Felsstufen der Kante. Weiter über den zahlreiche Zacken aufweisenden Grat, einige links umgehend. Von der Scharte das letzte Stück wie beim Normalweg R 241 zum Gipfel.

● **248 Abstieg** über den **Normalweg** (N-Wand). Die Orientierung ist durch zahlreiche Steinmänner erleichtert.
Vom Gipfel ein kurzes Stück über den W-Grat und dann nach links hinab in eine Parallelrinne. Über Bänder und kurze Felsaufschwünge bis zu dem engen Grateinschnitt. In der N-Seite in einer steilen Rinne hinunter und nach rechts zu einer Einschartung, die durch einen Block überdacht ist. Von hier die schräge Rinne (in Richtung zur Cima degli Armi) hinab auf das Schuttband. Auf ihm etwa 80 m in westlicher Richtung und bei einem großen Steinmann durch eine schräge Rinne hinunter bis zu einem senkrechten Abbruch. Dort verläßt man sie nach rechts über eine Leiste. Immer rechts haltend zum Wandfuß.

● **248a Abstieg nach S** (O. G. Haupt 1910), II+, 30—45 Min.
Vom Gipfel ein kurzes Stück eine Rinne hinunter auf ein breites Schuttband über dem senkrechten Wandaufschwung. Auf dem Band nach rechts bis kurz vor seine Unterbrechung. Gleich rechts eines großen Blockes (Steinmann) beginnt ein tiefer, enger Kamin, durch den man abklettert bis zu einem Absatz. Links eine steile Rinne und die breite Schuttrinne, in die sie einmündet, hinunter. Bei einem nassen, senkrechten Wandabbruch seilt man 20 m ab und gelangt über unschwierigere Felsen hinunter zur „Bocchetta Alta degli Sfulmini".

● **249   Cima degli Armi,** 2949 m
Mächtige, hohe Felsgestalt nordöstlich des Torre di Brenta, von ihm durch die „Bocchetta degli Armi" getrennt.

● **250 Normalweg** (P. Prati, G. Videsott und M. Vidotto, 1925), II—, 200 m, 1 st E. Der Anstieg führt über die steile Felsrampe, die zum „Vedretta degli Sfulmini" herunterzieht.

IX Torre di Brenta von Nordwesten
1 = N-Wand (Treptow), III, 2 = R 243, 3 = R 242, 4 = R 241, 5 = R 247, 6 = R 246; A = Bocca degli Armi.   Foto: Toni Hiebeler

Vom Gletscher zur Schlucht zwischen der besagten Rampe und der gelben Wand. Etwas rechts der Schlucht empor in Richtung zu einem langen, engen Kamin, etwa in halber Höhe der Rampe. An seinem Ende schräg links in Richtung zu einem Block, der eine Grateinschartung überbrückt. Über den Block und zum Ende der Rampe. Nun über ein enges Band etwa 15 m auf die andere Seite bis zu einem 30 m hohen Kamin, der zu den unschwierigen Felsen führt. Über den S-Grat, einen letzten Kamin durchsteigend, zum Gipfel.

● **251 W-Wand** (S. Agostini, S. Conci 1931), V, 200 m, 2 bis 3 st E. Die Führe benützt die Rißreihe, die die gelbe, zum „Vedretta degli Sfulmini" abbrechende Wand links des Normalwegs durchzieht.
Etwa 50 m links des Normalweges unter die besagte Rißreihe. Bis unter die von unten sichtbaren gelben Überhänge durchsteigt man die Risse und quert dann nach rechts zu einem überhängenden Kamin. Dieser wird durchstiegen, dann über Risse und Wandstellen zum Gipfel.

● **252 N-Wand** (E. Castiglioni, M. Delle Piane 1942), II, 380 m, 2 st E.
Vom „Kessel Busa degli Armi" zu der Rinne, die zur „Bocchetta Molveno" emporzieht. Bevor man sie erreicht, steigt man links in die Felsen am tiefsten Punkt ein. Durch einen der Kamine, die den unteren Wandteil durchziehen, empor und weiter über Felsstufen auf ein Schuttband. Hier nach rechts, eine Zone schwarzer, nasser Felsen umgehend, auf ein zweites Band. Darüber steilt sich die Wand auf und bildet in der Mitte eine Einbuchtung von nassen, schwarzen Felsen. In Richtung zu dieser Einbuchtung und durch eine kurze Rinne links an eine Kante. Wo sie senkrecht wird, quert man nach rechts in den Kamin am linken Rand der Einbuchtung. Im Kamin bis zur Schulter. Nun über den N-Grat zum Gipfel.

● **253 S-Wand** (E. und K. Kiene 1910), III, 300 m, 2—3 st E.
Vom Kessel „Busa degli Sfulmini" die rechte Rinne hinauf, die zur Scharte zwischen Cima degli Armi und Cima degli Armi Bassa führt (die linke Rinne führt zur „Bocchetta degli Armi"). Von der Scharte schräg links über ein steiles Band, das weiter oben zu einer Rinne wird, die zwischen Wand und Sockel hinaufzieht. Etwa 70 m vor ihrem Ende Querung nach rechts in die Wand über ein schmales Band und an den Beginn des großen Kamins, der den weiteren Anstieg vermittelt. An sei-

nem Ende erreicht man einen Einschnitt und 10 m höher, etwas rechts einen weiteren. Von hier etwas absteigend um eine Ecke und auf die Seite des Gletschers „Vedretta degli Sfulmini". Unschwierig zu dem Block, der eine Grateinschartung überbrückt. Von hier weiter wie beim Normalweg R 250.

● **253a SSW-Wand** (C., B. und Cl. Detassis 1964), IV—VI, 250 m, 5 st E.

Diese Führe, vorwiegend Freikletterei in festem Fels, befindet sich links von R 253.

Vom Kessel „Busa degli Sfulmini" zur linken Rinne hinauf, die zur „Bocchetta degli Armi" führt. Man steigt links von einer gelben Wand ein und erreicht über leichte Felsen ein Band (Steinmann und Standhaken). Nun von links nach rechts über die schwarze Wand etwa zwei Seillängen aufwärts zu einem gelben Riß. Dieser bietet die Hauptschwierigkeiten und wird ganz durchstiegen. Man gelangt zu einer Verschneidung (H). In ihr eine Seillänge hinauf und, einige Meter in die Westseite kletternd, zu einem Kamin, der direkt zum Gipfel führt.

● **254 Abstieg:** Vom Gipfel den Grat nach Süden hinunter bis zu dem Block, der einen Grateinschnitt überbrückt. Nun auf die Seite des „Vedretta degli Sfulmini" und über die große, steile Rampe hinunter.

● **255**   **Cima degli Armi Bassa,** 2706 m
             Campanili degli Armi, 2680 m

Breite Felsschulter und vier kleine Türme südöstl. der Cima degli Armi. Sie trennen „Busa degli Sfulmini" und „Busa degli Armi" und bieten eine Reihe kurzer Klettereien. Am lohnendsten ist die gesamte Überschreitung.

● **256**   **Cima Molveno,** 2918 m

Eleganter Felsgipfel nördlich der Cima degli Armi, nach Süden durch die „Bocchetta Molveno" und nach Norden durch die Bocchetta dei Massodi von den Nachbargipfeln getrennt.

● **257 Normalweg** (A. und O. De Falkner, G. Pigozzi, N. Nicolussi, A. Dallagiacoma 1884), I, 2 st E.

Vom nördlichen Rand des „Vedretta degli Sfulmini" über Kamine und Felsstufen auf den großen Felsrücken, der von der Cima Molveno nach NW abfällt. Über Geröll und Schnee auf dem Rücken empor bis unter den Gipfel, den man über die Felsen in der W-Seite und den S-Grat erreicht.

● **258 O-Wand** (E. Castiglioni, G. Kahn 1928), III, 300 m, 2—3 st E. Eine der interessantesten Routen auf die Cima Molveno.

Vom Felskessel „Busa degli Armi" an den Fuß des Pfeilers, der rechts die Schlucht flankiert, die zur „Bocchetta Molveno" hinaufzieht. Vom tiefsten Punkt etwa 50 m unschwierig empor und über ein Band, das eine Unterbrechung aufweist, zum Beginn einer Verschneidung, die schon von unten gut sichtbar ist. Zuerst in ihrem Grunde durch einen Riß, dann durch einen Kamin. An seinem Ende über Platten und kurze Kamine zum Beginn einer zweiten Verschneidung, die in der gleichen Richtung wie die erste verläuft. Man biegt nach links zu einem Gerölltrichter ab, kommt zum Einschnitt eines Nebengrates, dann zu einer Scharte des S-Grates und bald zum Gipfel.

● **259 S-Grat des Vorgipfels** (B. und C. Detassis, S. Petrolati, R. Cozzi, C. Zanini 1962), III und IV, 220 m, 2 st E. E direkt von der „Bocchetta Molveno" in die SO-Flanke. Nach einigen Felsaufschwüngen auf den Grat, der bis auf die Spitze des schon von der Scharte aus sichtbaren Turmes verfolgt wird. In die dahinter liegende Scharte seilt man etwa 20 m ab, erreicht über die gegenüberliegende Wand einen ersten Absatz (links) und weiter einen zweiten (rechts), der größer ist. Nun 5 m nach rechts, etwas absteigend. Nach einem gelben Überhang folgt ein Kamin, der etwa 10 m durchstiegen wird, dann nach rechts über die Wand (eine Seillänge) zu einer Terrasse. Weiter zu einer Scharte rechts eines Turmes, der erstiegen wird. Nun über Geröllstufen zum Vorgipfel der Cima Molveno.

● **260 Abstieg:** Vom Gipfel über den S-Grat, in der W-Seite hinunter auf den Rücken und weiter, bis er fast eben wird. Dort links abbiegen und zum „Vedretta degli Sfulmini".

● **261**   **Spallone dei Massodi,** 2998 m
Schöner Felsgipfel nordöstlich der Cima Molveno, mit der nördlich stehenden Cima Brenta durch einen fast waagrechten Grat verbunden, so daß er für deren Schulter gehalten werden kann (Spallone = gr. Schulter).

● **262   Normalweg** (C. A. v. Butler und B. Nicolussi 1894), II, 200 m, ³/₄ st E.
Von der „Bocchetta dei Massodi" über Felsstufen und Platten schräg links auf eine Art Schulter, die den „Vedretta dei Brentei" beherrscht. Von hier weiter über Stufen, Geröll und brüchige Felsen zum Gipfel.

● **263   SO-Wand** (V. Neri, M. Friederichsen, 1931), V, 380 m, 2—4 st E. Sehr interessante Kletterei, die einer gleich rechts der SO-Kante etwas schräg nach rechts ziehenden Kaminreihe folgt.
Vom Felskessel „Busa degli Armi" an den Fuß der Wand und unter die besagten Kamine gleich rechts der Kante. Schräg links über die Felsrippe empor zu einem Absatz. Weiter links zu einem Kamin und, sobald es möglich ist, Querung zu einer flachen Rinne. Diese wird durchstiegen, dann nach links, bis man in die erwähnte Kaminreihe einsteigen kann. Diese wird etwa 250 m verfolgt, wobei bei manchen Klemmblöcken in die Wand ausgewichen wird. Oben auf Terrassen und durch einen weniger steilen Kamin zum Gipfel.

● **264   SO-Kante** (M. Friederichsen, A. Dallago 1933), IV, einige Stellen V, 380 m, 2—4 st E. Sicher die geradeste und eleganteste Route dieses Berges.
Von der „Busa degli Armi" zum Beginn der langen Kante. E senkrecht unter der riesigen gelben Verschneidung, die sich in der oberen Wandhälfte links der Kante befindet. Zunächst etwa 80 m über Risse, die durch Stufen unterbrochen sind, etwas schräg nach rechts und an die Kante, in nächster Nähe des Kamines der SO-Wand (R 263). Bald nach links zurück, wo eine Rinne auf einen Absatz führt. Nun 40 m eine Wand empor und über unschwierige Felsen zum Beginn der riesigen gelben Verschneidung. Man quert 4—5 m nach rechts, überwindet mit Steigbaum einen Überhang und gelangt zu einem Standplatz. Jetzt nach rechts zur Kante, nach einem kurzen Stück nach links und durch einen flachen Riß. Querung nach links auf einen kleinen Absatz. Ein weiterer Überhang wird mit Steigbaum überwunden und weiter nach links zu einem Zacken gequert. Nun hinauf zur Terrasse unter der Gipfelwand, die unschwierig bis zum Gipfel durchklettert wird.

● **265   S-Kamin** (S. Agostini, E. Castiglioni, G. Kahn 1928), III, 380 m, 2—3 st E. Schöne Kletterei.

Von der „Busa degli Armi" zu dem großen Kamin, der die linke Wand des Pfeilers in ihrer ganzen Länge schräg von rechts nach links durchzieht. Er wird durchklettert, manchmal in die linke Wand ausweichend, bis man oben eine schneegefüllte Schlucht erreicht. Dort nach rechts und über die Wand zum Gipfel.

● **266 Abstieg:** Vom Gipfel in südwestl. Richtung, wo die Felsen weniger steil sind, hinunter auf die Schulter über dem „Vedretta dei Brentei". Hier links ab und zur „Bocchetta dei Massodi".

● **267** **Cima Baratieri,** 2928 m

Mächtiger Felsgipfel zwischen Spallone dei Massodi und Punta Iolanda. Er ist der mittlere und schönste der drei Gipfel, die sich aus der Hauptkette der Sfulmini heraus nach Osten vorschieben.

● **268 Normalweg** (C. Garbari, N. Pooli, G. Zeni 1895), II—, 300 m, 1—2 st E.

Von der „Busa degli Armi" in die schneegefüllte Schlucht zwischen Spallone dei Massodi und Cima Baratieri. In der steilen Schlucht empor bis zu einer Gabelung. Rechts weiter bis zur Scharte zwischen Cima Baratieri und Torre della Sega Alta, der sich zwischen Spallone dei Massodi und Cima Baratieri erhebt. Von hier nach rechts über einen kleinen Sporn, eine Schlucht und steile Platten zur Scharte unter dem Gipfel, den man erreicht, indem man sich erneut gegen die „Busa degli Armi" wendet, über Bänder nach links quert, einen Turm umgeht und die letzten Felsen überwindet.

● **269 S-Wand** (E. Castiglioni allein 1929), III, eine Stelle IV, 300 m, 2—3 st E. Die Führe verläuft in der Mitte der schönen Wand, die zur „Busa degli Armi" abfällt.

E in Wandmitte in einen steilen Kamin und über die folgenden Stufen, etwas rechts haltend, bis zum Beginn einer Reihe von Rissen und Kaminen. Sie führen schräg nach links wieder zur Wandmitte. Über eine kleine Wand auf das große Schuttband etwa in halber Wandhöhe. Die darüberliegende, etwa 60 m hohe Wand wird in schöner Kletterei überwunden, und zwar über den rechten der beiden schwarzen Streifen, die die Wand durchziehen. Am Ende durch einen tiefen Kamin und zu den gestuften Gipfelfelsen.

● **270 SW-Kante** (M. Armani, E. Gasperini-Medaia 1936), III, eine Stelle IV, 300 m, 2—3 st E. Parallel der S-Wandführe läuft diese Route an der Kante, die die S-Wand links begrenzt.

Von der „Busa degli Armi" in Richtung zu der Schlucht, die zwischen Cima Baratieri und Spallone dei Massodi herabzieht. Am Fuße der SW-Kante steht ein kleiner Turm. E rechts dieses Turmes am tiefsten Punkt und etwa 100 m über Kamine und Felsstufen, immer längs der Kante. Wo sie sich senkrecht aufschwingt, quert man über ein Band nach links in Richtung zu der großen gelblichen Verschneidung, die die Kante flankiert. Sie ist auf der rechten Seite von einem schönen Kamin durchzogen (die Fortsetzung des Kamins, welcher links des kleinen Turmes am Einstieg beginnt), der durchklettert wird bis zu einem großen Band in halber Wandhöhe. Nun gerade hinauf, dann etwas schräg nach links über eine Felsrampe auf einen Absatz. Weiter über steile Felsstufen zum Gipfel.

● **271 Abstieg:** Vom Gipfel hinab auf ein Band auf der der „Busa degli Armi" abgekehrten Seite, um einen Turm herum und über Bänder zu einer Scharte. Über steile Platten, eine kleine Schlucht und einen kleinen Sporn zur Scharte zwischen Cima Baratieri und Torre della Sega Alta. Von hier die steile, schneegefüllte Rinne hinunter zur „Busa degli Armi".

● **272   Punta Iolanda,** 2850 m

Kühne, elegante Felspyramide, die der Cima Baratieri östlich vorgelagert ist.

● **273 Normalweg:** Von der „Busa degli Armi" zur Schlucht, die zwischen Cima Baratieri und Punta Iolanda herabzieht. Zuerst im Schluchtgrund, dann in den rechten Felsen über einige steile Aufschwünge. Von der Scharte nach rechts auf die waagrechte Schulter und bald zum Gipfel.

● **274 O-Wand** (P. Fox, M. Friederichsen, L. Cottafari 1941), V, einige Stellen VI, 250 m, 4—6 st E. Die Führe benützt nicht weit der SO-Kante einen schwarzen Riß, der sich weiter oben zur Verschneidung weitet.

Vom Orsi-Weg (Nr. 303) über Geröll an den Fuß der Wand und unter den besagten Riß. Über unschwierige Felsen, dann nach links über eine schwarze Platte zum Riß. In ihm hinauf und nach 30 m über einen Überhang an der rechten Seite. Bald wird der Riß zur Verschneidung. An ihrem Ende weiter durch einen engen Riß, den oben ein Block sperrt. Er wird überklettert, nach einer Engstelle in die 40 m hohe Verschneidung, die auf eine Schulter führt. Nun durch unschwierige Rinnen zum Grat und auf den Gipfel.

● **275 SO-Kante** (E. Castiglioni, M. Friedrichsen 1933), IV, einige Stellen V, 250 m, 2—3 st E. Sehr interessante Kletterei, die der breiten gelben Kante folgt, die die rote S-Wand begrenzt.
Vom Orsi-Weg (Nr. 303) über den Geröllhang zum Beginn der Kante, die in ihrer ganzen Länge einen Riß aufweist. Man steigt 5 m rechts der Kante in einen schrägen Riß, umgeht den ersten Überhang nach links in Richtung zu einer tiefen Nische und kehrt zum Riß zurück. Eine Seillänge durch einen Kamin. Weiter 80 m über Stufen bis zu einem Kanzel. Von hier einige Meter gerade hinauf und nach links über ein Band zu einer gelben, brüchigen Verschneidung, die ganz durchstiegen wird. Nun Querung zu einer weiten Höhle. Von ihr nach links über einen feinen Riß auf einen Absatz. 2 m nach rechts zum Beginn eines Risses, der oben durch einen großen Überhang gesperrt ist. Nach seiner Überwindung 15 m in einer Rinne hinauf, dann nach rechts über die brüchige Wand, schließlich zum Grat und bald zum Gipfel.

● **276 S-Wand** (S. u. C. Soprana 1932), V, 250 m, 3—5 st E. Schöne, ausgesetzte Kletterei in gutem Fels. Die rote, gegen die „Busa degli Armi" gerichtete Wand wird etwas links der Gipfelfallinie von einem tiefen Kamin durchzogen, der die Richtung bestimmt.
Von der „Busa degli Armi" zu besagtem Kamin und in ihm einige Meter hinauf. Dann nach rechts in die Wand über einige kleine Überhänge zu einem Absatz. Nun wieder zurück in den Kamin, der sich zur Verschneidung verengt. Über einen eingeklemmten Block hinweg und zu einer feuchten Nische. Mit Hilfe eines engen Risses wird ein Überhang überwunden, dann links in der Wand hoch zu einem Band. Nach rechts zurück in den Kamin und noch einmal in die linke Wand. Nach einer kleinen Nische in der rechten Wand höher, dann Rückkehr in den Kamin. Er wird wieder weiter und man verfolgt ihn bis zu einer tiefen Grotte. Unter einem weit ausladenden Dach sehr heikel zu einem geschweiften Riß, der über den Überhang führt. Man setzt im Kamin fort bis zu einer weiteren Höhle. Rechts über die Wand zu einem Band.

Einige Meter unter dem Dach zu einer engen Nische. Mit Hakenhilfe über das Dach, weiter im Kamin zu den unschwierigeren Felsen, die zum Grat und auf den Gipfel führen.

● **277 Abstieg:** Vom Gipfel auf die waagrechte Schulter und nach links zur Scharte. Von hier durch die Schlucht zwischen Cima Baratieri und Punta Iolanda hinunter zur „Busa degli Armi".

● **278**   **Cima Brenta,** 3150 m

Gewaltiges Felsmassiv, das noch sehr viel Eis aufweist. Es ist der nördlichste Punkt der Sfulmini-Kette und erhebt sich südlich der Scharte „Bocca di Tuckett". Zweithöchster Berg der Brenta-Gruppe. Ein langer, scharfer Grat verbindet Cima Brenta und Spallone dei Massodi. Die N-Seite weist gewaltige Eismassen auf. Nach Westen zieht ein 2 km langer Grat, der den niedrigeren W-Gipfel, Cima Mandron und Punte di Campiglio verbindet.

● **279 Normalweg** (C. Garbari, Oesterreicher, M. Nicolussi, A. Dallagiacoma, B. Lorenzetti, Arnaldo und Angelo Ferrari 1894), I, 2$^{1}/_{2}$ st von der Tuckett-Hütte.
Von der Tuckett-Hütte auf Weg Nr. 303 (Orsi-Weg) zur „Bocca di Tuckett". Hier nach rechts hinauf über den Gletscher, der von der Cima Brenta herabzieht. Wo der Hang zu steil wird, nach links und über unschwierige Stufen zur großen Schulter im N-Grat. Über den Schnee der Schulter schräg nach links, dann über Geröll und Schnee, bis der Grat sich wieder aufsteilt. Hier beginnt das „Garbari-Band", das durch die ganze O-Wand zieht. Das Band weitet sich zur Terrasse, von der aus eine Rinne und unschwierige Felsstufen zum Gipfelgrat weiterleiten. Siehe auch R 33.

● **280 Direkte O-Wand** (M. Armani, M. Friederichsen 1936), V, 550 m, 4—5 st E. Eine der schönsten Klettereien an der Cima Brenta, die lange der senkrechten Verschneidung folgt, die rechts die riesige, gelbe Platte begrenzt.
Vom „Orsi-Weg" (Nr. 303) in wenigen Min. über Geröll zum Wandfuß. E etwa in Wandmitte am Rande der glatten Platte und über die steile, aber gestufte Wand empor bis zu einem etwas schräg nach rechts geneigten Kamin, der zu der besagten langen Verschneidung führt. Sie wird durch einen schlanken Pfeiler und die mächtige, gelbe, kompakte Mauer gebildet. Der Kamin im Grunde der Verschneidung wird bis zur Spitze

des Pfeilers durchstiegen. Die darüberliegende Wand wird direkt durchstiegen (die ersten 15 m schwieriger), dann erreicht man das große „Garbari-Band". Weiter wie R 279.

● **280a O-Wand „Via Verona"** (M. Navasa, C. dal Bosco und F. Baschera 1964), VI+, A 3, 550 m, Erstbegeher: 5 Tage.

Die Route befindet sich zwischen R 280 und R 281 und führt durch den gelben Wandteil. Die Erstbegeher raten, die Schlußverschneidung, die auf das „Garbari-Band" führt, möglichst vor 9—10 Uhr zu passieren, da sich später meist ein Wasserfall bildet. Die Zeit der Erstbegeher wird mit Sicherheit von Wiederholern wesentlich unterschritten werden.

Den Wandsockel ersteigt man durch eine Reihe von Rinnen und kurze Querungen bis zu einer großen Grotte (1. und 2. Biwak der Erstbegeher). Nun schräg gegen Wandmitte und auf einen niedrigen, grauen Pfeiler. Von hier steigt man über eine große, gelbe Rippe (Beginn der Schwierigkeiten) bis auf eine kleine Terrasse. Hier schräg rechts zu zwei Bohrhaken und einige Meter weiter querend, überwindet man direkt ansteigend die ersten Dächer. Nach rechts querend gelangt man zu einem weißlichen Fleck und zu einem langen, feinen Riß, der schon von unten gut sichtbar ist (3. Biwak auf einer dürftigen Terrasse). Weiter durch einen Riß und über eine 8-m-Wand (Bohrhaken). (4. Biwak auf breitem Band.) Über eine gelb-schwarze Verschneidung und die folgende trichterförmige schwarze Verschneidung steigt man auf dem „Garbari-Band" aus. Von hier weiter wie R 279.

● **281 O-Wand** (B. Detassis, M. Franceschini, M. Stenico, C. Sebastiani 1947), V—, eine Stelle VI, 550 m, 4—6 st E.

Vom Orsi-Weg (Nr. 303) über Geröll zur Wand. Längs einer weißlichen Platte über eine gelbe Kante, die von einer Wandeinbuchtung gebildet wird. Dann über eine Wand und nach etwa 30 m zu einem Absatz (Steinmann). Von hier etwa 20 m weiter zu einem anderen Absatz. Durch einen schrägen Riß umgeht man die Kante unter ein kleines, gespaltenes Dach. Man übersteigt es und kommt über Risse und unschwierige Felsen auf das große Band, das die ganze Wand durchzieht. Über weitere Felsaufschwünge weiter, in Richtung zur Kante, die sich senkrecht aufsteilt. Man umgeht sie nach rechts zum Beginn einer schwarzen Wand, die in einer kleinen Verschneidung endet. Diese führt auf einen Absatz (Steinmann). Von hier über unschwierige Felsen nach links in eine Verschneidung, die von einem Riß durchzogen ist. Es folgt wieder ein Absatz, wo man nach rechts geht zu einer weiteren Verschneidung, die im oberen Teil die größten Schwierigkeiten der Führe birgt. Ohne Hakenmöglichkeit werden 8 m in Gegendrucktechnik erklettert. Nun vom Standplatz aus gerade hinauf unter einen gelblichen Überhang, wo man nach rechts biegt. Eine Rißreihe hinauf zu einem Absatz und von hier nach rechts über einen letzten Aufschwung auf ein großes Band. In Richtung eines Turmes auf den Grat, der schwierig zum Gipfel verfolgt wird.

● **282 S-Wand des W-Gipfels,** 3124 m (E. Castiglioni, V. Bramani 1942), III, eine Stelle V, 600 m, 3—4 st E. Schöne, anregende Kletterei, gerade Linienführung: Zuerst zum Einschnitt hinter dem der S-Wand vorgelagerten **Campanile dei Brentei,** dann über die darüberliegende schwarze, senkrechte Wand, die man von der Brentei-Hütte aus gut sehen kann. Von der Brentei-Hütte den Weg nach Osten unter den S-Abstürzen der riesigen Felsbastion, die aus den Punte di Campiglio, Cima Mandron und dem W-Gipfel der Cima Brenta besteht. Durch eine Schneerinne oder über die Felsen links von ihr auf die weite Terrasse des Sockels unter der S-Wand der Cima Mandron. Man quert nach rechts in die Schlucht, die zwischen Cima Mandron und W-Gipfel der Cima Brenta herabzieht. Nach einem kurzen Stück teilt sich die Schlucht; im rechten Zweig weiter, bis er sich erweitert unter der hohen, gelblichen, senkrechten Felsrippe. Nun in dem rechten Ast der Verzweigung, teils im Grunde, teils über die rechte Wand aufwärts bis etwa 30 m vor dem Einschnitt, der den Campanile dei Brentei von der S-Wand trennt (die etwa 400 m bis hierher weisen keine besonderen Schwierigkeiten auf). Jetzt über die schöne, graue Wand, wo sie am besten gegliedert ist, zuerst gerade, dann etwas schräg nach rechts in Richtung zu dem Kamin, der den ganzen oberen Wandteil durchzieht. Um eine schwarze, senkrechte Platte zu umgehen, quert man einige Meter nach rechts, überwindet zwei kurze, überhängende Stufen (2 H), quert ausgesetzt nach links zu einem engen, tiefen Kamin. Dieser wird durchklettert, bis man eine Einschartung erreicht. Von hier über die steile, aber gegliederte Wand zu den Gipfelfelsen und der großen Schneefläche des W-Gipfels. Dann nach Osten über den unschwierigen Grat zum Hauptgipfel.

● **283   NW-Grat** (E. und K. Kiene 1910), III, einige Stellen V, 5—6 st E. Dieser scharfe Grat, der über alle 15 Türme zwischen Punta Massari und Cima Brenta führt, gehört zu den längsten Dolomitengraten. Zahlreiche Steinmänner erleichtern die Orientierung.

Während die Gebrüder Kiene bis zum Gipfel der Punta Massari noch den Weg der Ersteigter in der N-Seite benützten, ist hier der Weg über die NW-Kante der Punta Massari beschrieben, den 1926 G. Murari und G. Ferrari-Spalla eröffneten.

Von der Tuckett-Hütte kurz hinab in die Mulde und drüben über Geröll und Schrofen empor zum Sockel der Punta Massari. Schon von der Hütte aus sieht man den stark nach links geneigten Kamin, der nun die Richtung angibt. Man durchsteigt ihn ganz bis auf ein großes, schuttbedecktes Band. Schräg nach rechts aufsteigend an die NW-Kante der Punta Massari. Diese Kante bietet keine besonderen Schwierigkeiten, ihr steilstes Stück wird durch einen schwarzen Riß überwunden. Im oberen Teil über unschwierige Felsstufen zum Gipfel der Punta Massari. Von hier kurz in die erste Scharte hinunter und auf einem breiten Band in der N-Seite des Grates zu einer schönen Wand, die emporführt zu einer Scharte und zum Gipfel des 1. Turmes. Man kehrt zur Scharte zurück und steigt durch einen weniger tiefen Kamin in die S-Seite, bis man zum 2. Turm gelangt. Man steigt ab und gewinnt gleich darauf den 3., 4. und 5. Turm. Weiter in der S-Seite zu einer Scharte und von ihr zum 6. Turm. Jetzt hält man sich in der Nähe der Kante auf der N-Seite, quert eine Leiste und einen Riß und gelangt auf den 7. Turm. Über den Grat hinab in eine Scharte und auf den schmächtigen 8. Turm. Zurück zur Scharte und weiter absteigend in der N-Seite in einen Spalt, von wo aus man auf der S-Seite den 9. Turm ersteigt. Über eine Kante zur folgenden Scharte hinunter und weiter auf den 10. Turm. Nun zuerst über die Kante absteigen, dann 20 m abseilen. Von einer Scharte in die S-Seite, wo man ein kurzes Stück den Gletscher berührt, zu einem Kamin, der zur Scharte emporführt, von der aus man den 11. und 12. Turm erreicht. In der S-Seite durch einen Kamin etwas hinab und von der folgenden Scharte ohne besondere Schwierigkeiten auf den 13., 14. und 15. Turm. Von der letzten Scharte über den kurzen Schneehang zur weiten Gipfelfläche des W-Gipfels und die letzte Scharte übersteigend über den Firngrat auf den Hauptgipfel der Cima Brenta.

● **284 N-Wand des W-Gipfels** (U. Battistata, N. Delvai 1933), IV, 400 m, 3—4 st E. Die Führe verläuft rechts des Hängegletschers, der von der Scharte zwischen Haupt- und W-Gipfel der Cima Brenta herabfließt.

Von der Tuckett-Hütte zum „Vedretta di Brenta Inferiore" und zum Beginn der oberen Mulde. Hier biegt man nach rechts ab und steigt über den steilen Schnee- oder Eishang zum Fuß der Wand. Ein schräg nach links gerichteter Kamin führt auf ein breites Schneeband. 100 m darüber ein anderes, schuttbedecktes Band, das über die unschwierige Wand, gerade emporkletternd, erreicht wird. Es liegt in der gleichen Höhe wie ein rötlicher Fleck, von dem aus die Wand senkrecht wird. Man quert nach rechts um eine Kante, dann 40 m in einer grauen Verschneidung bis auf eine Kanzel. Nun 10 m schräg links aufwärts, 5 m hinunter und weiter, immer stark links haltend, empor. Über die engen, waagrechten Risse, die man erreicht, quert man sehr ausgesetzt und über bauchige Felsen etwa 35 m bis zu einem engen Band in der Nähe des Hängegletschers. In Richtung zu einem auffallenden, gelblichen Vorsprung unter dem Gipfel vom Band weg etwa 40 m die Wand hinauf, eine schwärzliche Verschneidung durchkletternd. Man kommt so unter den besagten Vorsprung. Nach links und einen Überhang überwindend, über unschwierigere Felsen gerade empor auf ein Band, etwa 20 m unter einem Vorgipfel. Man verfolgt das Band 4—5 m nach links und steigt einige Meter ab zu der Rinne, die den Gipfel vom Vorgipfel trennt. Das letzte Stück etwa 15 m abseilen (H). Querung der Rinne, über eine brüchige Wand zum W-Gipfel, von dort über den Grat zum Hauptgipfel.

● **285 Abstieg:** Vom Gipfel auf dem Grat nach NO (Richtung „Bocca di Tuckett") und von der zweiten, kleineren Scharte die Schlucht in der O-Seite hinunter. Der Rest ist durch zahlreiche Steinmänner und Steigspuren unschwierig zu finden.

● **286**   **Cima Mandron,** 3033 m

Der mittlere Gipfel in der riesigen Wandflucht, die sich vom W-Gipfel der Cima Brenta nach Westen hinzieht, fast bis zur Brentei-Hütte.

● **287   Normalweg** (L. Purtscheller, I. Reichl, K. Schulz, A. Dallagiacoma 1886), I, 3 st von der Tuckett-Hütte.

Von der Tuckett-Hütte quert man zu dem tiefer liegenden Graben und steigt über Geröll und unschwierige Felsen in die weite Mulde zwischen Punta Massari und der gelben Wand der Punta di Campiglio. Durch die Mulde und über unschwierige Fels- und Geröllstufen zum „Vedretta di Brenta Superiore". Von seiner letzten Mulde aus hält man sich rechts in Richtung zu der markanten Scharte zwischen Cima Mandron und W-Gipfel der Cima Brenta. Von der Scharte nach rechts über unschwierige Stufen zum Gipfel.

● **288   S-Kamin** (B. Detassis, C. Scotoni 1942), IV, 700 m, 4—5 st E. Der rechte Teil der S-Wand wird von einigen senkrechten Kaminen durchzogen, die alle schon durchstiegen wurden. Der am weitesten links befindliche ist hier beschrieben.

Von der Brentei-Hütte wie bei R 282 auf die Terrasse des Sockels am Fuße der S-Wand. Man quert hier unter den Wänden nach rechts fast bis zu der Schlucht, die zwischen Cima Mandron und W-Gipfel der Cima Brenta herabzieht. Vorher in den zweiten Kamin (von der Schlucht aus gerechnet). Es ist ein weiter, tiefer, etwas nach links geneigter Kamin, an dessen äußersten rechten Seite man das erste Stück erklettert. Unter den gelben Felsen quert man nach links zum Kamingrund und steigt 30 m höher. Nun wieder über die rechte Wand hinauf auf ein breites Band am Fußpunkt des **Campanile Caigo,** einem hohen, aus der S-Wand herausragenden Turm zwischen dem hier beschriebenen und dem nächsten Kamin. Weiter in gleicher Richtung und schließlich in den tiefen, schwarzen Kamin, den Überhang, mit dem er beginnt, spreizend überwindend. Nun 2 Seillängen im Kamin empor. Dort, wo er sich weitet, in eine dunkle Kluft. Über einige Blöcke etwa 30 m hinauf, immer mehr nach außen haltend, bis zum äußersten Rand der Felsenge in der Wölbung der Kluft. Gerade hinauf bis zu einem eingeklemmten Felsen, dann in den Kamin zurück, einige Klemmblöcke überwindend. Nach 2 Seillängen wird der Kamin unschwieriger und zuletzt zu einer Schuttrinne, die in der Scharte hinter dem Campanile Caigo endet. Nun eine breite Schlucht mit Schnee und Geröll empor bis zum Grat, der auf den Gipfel führt.

● **289   S-Kante** (C. und B. Detassis 1954), IV und V, 700 m, davon 300 m neu, 3—5 st E.

Wenn man von der Brentei-Hütte zum Campanile Caigo schaut, einem hohen, aus der S-Wand der Cima Mandron herausragenden Turm, sieht man eine abgerundete Kante, die sich gegen den Turm abhebt. Der Zugang zum Beginn der Kante, die eine ausgesetzte Kletterei in festem Fels bietet, verläuft bis zum breiten Band wie bei R 288.

Dort, wo das Band am höchsten ist, befindet sich ein von der Wand losgelöster Block. Von hier gerade über die Wand hinauf (H) bis zu einem weiteren Band, das man nach rechts verfolgt bis zum Beginn der Kante. Nun einen Kamin hinauf zu einem kleinen Absatz. Von hier schräg rechts hinauf auf einen luftigen Absatz (H) und waagrecht weiter zu einer Verschneidung. Man durchsteigt sie bis unter eine gelbe Wand (H) und quert waagrecht nach links bis zu einem Kamin. Dieser wird in seiner ganzen Länge durchstiegen bis zu einem Klemmblock, den man rechts überwindet, worauf man den Grat und über ihn den Gipfel erreicht.

● **290   S-Wand** (V. Neri, G. Bianchini 1930), IV, 700 m, 3 bis 5 st E. Die Führe geht durch den linken Teil der S-Wand, wo eine riesige Verschneidung bis zum Wandfuß herunterzieht.

Wie bei R 282 von der Brentei-Hütte den Weg nach Osten und über Geröll zum Beginn der erwähnten riesigen Verschneidung. In ihr etwa 100 m empor bis zu einem breiten Schuttband. Auf diesem nach rechts und nach einem Wasserfall schräg rechts hinauf zu einem schwarzen, nassen Kamin. In ihm bis zu dem Überhang, der ihn schließt. Hier nach rechts auf einen Absatz und von diesem gerade hinauf zu einem engen Kamin, der zu einem an der gelben Wand lehnenden Felsen führt (hier befindet man sich schon über der ersten großen Terrasse der S-Wand). Über dem angelehnten Felsen 2 m hinauf und Querung nach rechts, eine Kante umgehend. Nun über unschwierigere Felsen schräg links aufwärts bis zu einem gelben, überhängenden und wenig tiefen Kamin. Man durchsteigt ihn und geht nach links auf einen Absatz. Über die ausgesetzte, aber schöne Wand zu einer Nische. Von ihr schräg links aufwärts zu einem Band, wo man in einen nassen Kamin einsteigt, der auf die zweite Terrasse führt. Auf ihr nach rechts, einen gelben Grat umgehend, zu einer schräg nach links ziehenden Rinne, die in die Mitte der Wand zurückführt. Über steile Stufen bis unter den letzten Steilaufschwung, den man nach links umgeht, um bald auf den westlichen Vorgipfel zu gelangen. Über den unschwierigen Grat nach Osten zum Gipfel.

● **291 S-Verschneidung** (M. Armani, E. Gasperini-Medaia, M. Lubich 1936), V, 700 m, 4—6 st E. Die elegante Kletterei führt durch die riesige Verschneidung, die den linken Wandteil bis zum Wandfuß durchzieht.
Wie bei R 290 zum Beginn der Verschneidung. In ihrem Grunde einsteigen und 50 m über gestufte Felsen zu einem schon von unten gut sichtbaren Riß, der etwa 30 m vom Verschneidungsgrund entfernt die rechte Seite der Verschneidung durchzieht. Er wird in seiner ganzen Länge durchklettert. In der Mitte über einen Überhang, der eine Art Höhle darstellt. Man kehrt in den Verschneidungsgrund zurück und durchsteigt sie gänzlich bis zu einem großen Geröllband, das die ganze Wand etwa in halber Wandhöhe durchzieht. Nun unschwieriger durch Kamine und Rinnen in Richtung zu einem Turm am Ende der Wand. Schließlich über unschwierige, gestufte Felsen zum Gipfel.

● **292 Abstieg**: I, 1¹/₂ st. Der Normalweg R 287 wird seltener für den Abstieg benützt. Man zieht meistens vor, entweder zur Cima Brenta zu queren oder den anschließend beschriebenen Abstieg zu benützen.
Vom Gipfel nach Westen und über steile Fels- und Firnstufen zur Scharte zwischen Cima Mandron und den Punte di Campiglio hinunter. Von hier in der N-Flanke der Punta Orientale di Campiglio schräg empor und den Spuren durch die Geröllflanke der beiden Punte di Campiglio nach, bis man sich in der W-Flanke befindet. Hier durch einen großen, steilen Graben, der von zahlreichen Kaminen durchzogen ist, hinunter. Zahlreiche Steinmänner helfen den besten Abstieg durch den folgenden Steilhang finden. Am Fuß der Felsen angelangt, steigt man über das Geröll schräg nach rechts ab in Richtung zu einem großen Sporn. Von hier entweder zum Weg, der zur Tuckett-Hütte führt, oder durch die zerklüftete, erdige Schlucht auf den Weg Nr. 318 zur Brentei-Hütte.

● **293   Punte di Campiglio,** 2970 m und 2951 m

Die letzten beiden Gipfel der riesigen Felsbastion, die sich von der Cima Brenta nach Westen erstreckt. Ein Grat verbindet sie mit der Cima Mandron. Die zwei Gipfel, wovon der östliche der höhere ist, sind durch eine tiefe Schlucht voneinander getrennt. Von Interesse sind wohl nur die S-Anstiege.

X

● **294   S-Wand des O-Gipfels** (B. Detassis und C. Scotoni 1941), IV, einige Stellen VI, 700 m, 5 st E.

Der Anstieg führt durch die Wand auf das große Band in halber Wandhöhe, geht ein Stück in der Schlucht, die W- und O-Gipfel trennt, und kehrt nach rechts zur Wandmitte zurück, wo ein tiefer Kamin den Weiterweg vermittelt.

Von der Brentei-Hütte bis zu den ersten Serpentinen des Weges und links hinauf über Geröll und unschwierige Felsstufen auf eine grasige Terrasse am Fuße der Wand. In einer etwas nach links geneigten Verschneidung 30 m empor bis zu einem gelben Felskopf, der direkt bis auf die obere Terrasse erstiegen wird. Nach dieser auf eine niedrige Stufe und hinter eine Art Schulter. Rechts über einen Felsaufschwung von 20 m und dann schräg nach links empor bis unter einen Überhang. Man vermeidet ihn links durch eine Verschneidung und kommt auf ein Band. Über gestufte Felsen quert man nach links bis zu der großen, gelben Wand und geht in die Schlucht, die O- und W-Gipfel trennt. In der Schlucht über glatte Felsen hinauf und über einen Klemmblock. Wo sich die Schlucht unter einem Überhang weitet durch einen Riß schräg nach links und zu einer Art Kante. An ihr hinauf zu gestuften Felsen und auf ein Band. Auf diesem nach rechts zur großen Terrasse unter der Schlußwand, die von zwei riesigen Verschneidungen durchzogen ist. Die rechte durchklettert man etwa 70 m, einige Klemmblöcke überwindend, bis unter ein Dach. Dieses überwindet man nach rechts und folgt einem nassen Kamin, bis er durch ein Dach gesperrt wird. Spreizend 12 m heraus und zu einem Loch. Man quert waagrecht, geht einige Meter hinauf und kommt zu einer Höhle unter einem Überhang. Man überwindet ihn durch ein Loch und gelangt zu den unschwierigen Felsen, über die bald der Gipfel erreicht wird.

X

● **295 S-Wand des O-Gipfels** (A. Oggioni, W. Bonatti, J. Aiazzi 1949), VI, 700 m, 8—10 st E.

E dort, wo eine lange Kaminreihe W- und O-Gipfel trennt. Einige Meter rechts einer Höhle, die von der Brentei-Hütte aus gut sichtbar ist, steigt man auf eine Terrasse. Hier quert man etwa 30 m nach rechts (Steinmann), um die großen Überhänge zu umgehen. Nun schräg nach rechts aufwärts über den zweiten Felsgürtel der Wand und durch einen trichterförmigen Kamin links über den dritten. Jetzt quert man 30 m nach rechts und bewältigt durch einen weiteren trichterförmigen Kamin den vierten Felsgürtel. Hier ist der Weg durch Überhänge und Dächer gesperrt. Man quert auf der großen Terrasse nach links bis zu einem Steinmann vor einer die Terrasse querenden Schlucht. Nun steigt man in eine kleine, außergewöhnlich schwierige Verschneidung ein, geht in die Schlucht, die man bald wieder verläßt, um einem Band nach rechts zu folgen bis zu seinem Ende (Steinmann). Von hier gerade, dann rechts haltend hinauf zum Beginn der großen Verschneidung, die man schon von unten sieht. Von hier ab wird es schwieriger und man vermeidet das eindrucksvolle Dach durch eine delikate Querung nach links. Durch die Verschneidung bis zu den unschwierigen Felsen, die zum Gipfel führen.

X

● **296 S-Wand des W-Gipfels** (H. Steger, König Albert von Belgien, A. Bonacossa, P. Wiesinger 1935), IV, 700 m, 4 st E. Die Führe zieht in der Mitte durch die Wand, gegenüber der Brentei-Hütte.

Von der Brentei-Hütte zum Beginn der Schlucht zwischen W- und O-Gipfel. 40 m über die rechte Kante der Schlucht bis auf das erste Band. Auf ihm etwa 100 m nach links. Dort, wo es sich fast in der Wand verliert, quert man einige Meter sehr ausgesetzt weiter bis zu einem schwarzen Riß (der erste, der den Wandfuß durchzieht). Der Riß weist in der Mitte eine Engstelle auf, die mühsam überwunden wird, und führt zu einer kleinen Mulde. Nun schräg links aufwärts zu einem

X Punte di Campiglio, Südwände mit Brentei-Hütte

1 = R 297, 1a = R 297a, 2 = R 296, 3 = R 294, 4 = R 295, 5 = Sentiero S.O.S.A.T., R 29/6.   Foto: G. Pedrotti

tiefen Kamin, der auf die erste Terrasse führt. Über gestufte Felsen zu einer anderen Terrasse am Fuß des zweiten Wandaufschwunges, der durch eine breite Wandeinbuchtung, in der gleichen Richtung wie der erste Riß, überklettert wird. Man hält sich im linken Wandteil der Einbuchtung, ersteigt eine Art Rampe mit gegliederten Felsen, flankiert links von einer großen, gelben Platte. Ein überhängender Aufschwung wird auf einem Band, 30 m rechts ansteigend, umgangen, danach über die graue Wand schräg links zurückgekehrt. Dann auf die obere Terrasse, etwas nach links einbiegen und zur SSW-Kante (R 297), wo man nicht die erste Gratrippe verfolgt, sondern sie überquert und in den Felsen links davon bis zum Gipfel aufsteigt.

X

● **297   SSW-Kante des W-Gipfels** (S. Agostini, V. Neri 1931), IV, 700 m, 5 st E. Die Führe folgt der wuchtigen, geschweiften Kante, die die S-Wand links begrenzt. Der erste Teil der Kletterei folgt dem tiefen, schwarzen Kamin gegenüber der Brentei-Hütte, der auf der ersten Terrasse, etwas links des Beginns der Kante, mündet.

Von der Brentei-Hütte in wenigen Min. zum Beginn des erwähnten Kamins, dem einzigen, der ohne Unterbrechung bis zum Wandfuß herunterzieht. Man durchsteigt ihn gänzlich bis auf die erste große Terrasse. Nun weiter in der Schlucht, die links die Kante begrenzt, und über eine Reihe von Kaminen auf die zweite Terrasse. Von hier einige Meter rechts der Kante hinauf über die Wand bis zu einem Überhang, der überwunden wird. Man erreicht den Grat und bald den Gipfel.

X

● **297a   Variante zur SSW-Kante des W-Gipfels** (B. Detassis, P. Graffer, S. Ruffo 1939), V+, 300 m, 3—5 st E. Diese Variante geht einen neuen Weg bis zur ersten Terrasse und folgt dann der SSW-Kante. Dabei wird der am weitesten links durch den unteren Wandteil ziehende schwarze Kamin durchklettert, der etwa 100 m über dem E unterbrochen ist und dessen Erreichen die Hauptschwierigkeiten bietet.

Von der Brentei-Hütte in Richtung zu dem erwähnten Kamin. Man beginnt mit einer 20 m hohen Verschneidung und quert von einem Absatz 20 m nach links über brüchige Felsen bis zu einem engen, überhängenden Riß. Dieser führt auf einen Absatz, von dem man mit Seilquergang sehr ausgesetzt 10 m nach rechts quert. Zu einem kleinen Absatz, schräg rechts aufwärts zu einer Nische und nach Überwindung eines Überhanges durch einen feinen Riß bis zu einem aus der Wand vorspringenden Felsen. Nun unschwieriger zum Beginn des großen Kamins. In seinem Grunde 20 m empor, dann spreizend nach außen und mit Hakenhilfe über einen Überhang. Immer im Kamin in schöner Kletterei bis zur großen Terrasse, auf der man nach rechts zur SSW-Kante quert.

● **298   Abstieg:** Über den Grat zur Scharte zwischen O- und W-Gipfel und von dort, etwas links ansteigend, in die N-Flanke des O-Gipfels. Dann links über Geröllstufen ins Kar hinab (Steinmänner).

● **299**   **Punta Massari,** 2880 m
Der letzte und bedeutendste Gipfel im zerrissenen Grat, der von der Cima Brenta nach NW verläuft.

● **300   NO-Wand** (M. Armani, L. Miori 1932), III, einige Stellen IV, 320 m, 3 st E. Schöne, interessante Kletterei durch die breite Wand, die dem Castelletto Superiore gegenüberliegt.
Von der Tuckett-Hütte aus quert man den tiefer liegenden Graben und hält sich etwas links gegen eine schwarze Schlucht, die den Felssockel am Fuße der NO-Wand durchzieht. Zuerst im Innern der Schlucht, dann links außen, schließlich wieder in ihrem Grunde. Nach einem Klemmblock erneut nach links heraus über gestufte Felsen bis zur Terrasse am Fuße der NO-Wand. Diese wird in ihrer ganzen Länge von einem Kamin durchzogen. Gleich nach dem E zwingt eine Unterbrechung zu einer Umgehung nach rechts. Weiter durch den Kamin bis zum Gipfel.

● **300a   N-Wand** (C. Maestri allein 1966), IV, 320 m, 2 bis 4 st E. Der Erstbegeher schlug keinerlei H. Steinmänner erleichtern die Orientierung.
Von der Tuckett-Hütte über die beiden ersten Eisenleitern des SOSAT-Weges und dann über Schuttrinnen und leichte Felsen zum E. unter einem nach links geneigten Kamin. Dieser wird ganz durchstiegen auf ein großes, schuttbedecktes Band, das auch R 283 berührt.
Wenig nach links und dann gerade empor über schönen, grauen Fels bis zum großen Band des Normalweges. Auf dem Band

etwa 30 m nach links, bis man sich links von rötlichem Fels befindet, der in der Mitte von einem Riß durchzogen wird. Man erreicht eine kleine, graue Verschneidung. Nun gerade empor über eine senkrechte Wand und nach ihrem ersten Teil über eine schräge, rißdurchsetzte Rampe leicht nach rechts. Schließlich einige Meter nach links und über schwarzen Fels empor zum Gipfel.

● **301 NW-Kante (Rechter Weg)** (G. Alimonta, R. Vidi, S. Serafini 1948), IV, 350 m, 4 st E.
Wie bei R 283 in Richtung des dort erwähnten, nach links geneigten Kamins. Rechts davon etwa 30 m empor auf eine kleine Terrasse (Steinmann). Weiter in Richtung zu einem Riß, der ganz durchstiegen wird, worauf man nach rechts auf eine große Terrasse kommt. Man durchläuft sie, etwas links haltend, und durchsteigt einen senkrechten Kamin, dann eine Verschneidung bis zu einer Nische. Von ihr schräg links aufwärts in Richtung zu einem Dach. Mit Hilfe eines feinen Risses in die Verschneidung zurück und auf eine Terrasse. Nun gerade aufwärts über schwärzliche Felsen zu einem engen, schwarzen, nassen Kamin und von einer weiteren Terrasse über die unschwierigen Felsen der Kante zum Grat, der zum Gipfel führt.

● **302 Abstieg:** (P. Forni, B. Lorenzetti 1904, im Aufstieg), II, 1¹/₂ st.
Vom Gipfel über gestufte Felsen hinunter zu einer kleinen Scharte im NW-Grat und weiter über Stufen und Rinnen, bis man etwas rechts in einem engen Kamin absteigt, der auf ein breites Band führt. Auf diesem 30 m nach rechts zu einem Kamin am Rande der Wand. Er führt zu der großen Terrasse am Fuß der NO-Wand. Nun über gestufte Felsen hinunter und, sobald es möglich ist, nach links in die Schlucht. Zuerst in ihrem Grund, dann wieder rechts außen und erneut im Innern der Schlucht hinunter.

● 303   **DAS GROSTE-MASSIV**

Diese Gruppe umfaßt nur ein kurzes Stück des Hauptkammes der Brenta-Gruppe zwischen der „Bocca di Tuckett" im Süden und dem „Passo del Grosté" im Norden. Einige Verästelungen weisen noch wichtige Kletterberge auf.

● **304 Cima Sella oder Dente di Sella**, 2910 m
Kleine Felsspitze, die mit steiler Wand zur „Bocca di Tuckett"
abfällt.

● **305 Normalweg** (C. Candelpergher, S. Dorigoni, A. de
Falkner, R. Thaler, A. Dallagiacoma, A. Ferrari 1884), I—,
1¹/₂ st von der Tuckett-Hütte.
Von der Tuckett-Hütte auf Weg Nr. 303 zur „Bocca di Tuckett"
und, bevor man den Gletscher erreicht, nach links durch
die steile, schutterfüllte Schlucht, die vor dem Castelletto
Superiore herabzieht. Weiter oben weitet sich diese enge
Schlucht zu einer tiefen Mulde. Man steigt auf die Hochfläche
und den Vedretta di Vallesinella Superiore, biegt am Schluß
etwas nach rechts und steigt über den N-Hang der Cima Sella
in Richtung zu der Gratscharte zwischen Haupt- und Vorgipfel. Von der Scharte nach links unschwierig zum Gipfel.

● **306 SO-Kante** (E. Castiglioni, M. Delle Piane 1942), IV,
einige Stellen V, 380 m, 4 st E. Ausgesetzte, anregende Klet-
terei an der Kante, die vom Gipfel herabfällt bis zum „Val
Perse".
Zur Mündung der kaminartigen Rinne, die von der Bocca di
Tuckett zum Ende des Val Perse herabzieht. E wenige
Meter links des tiefsten Punktes der Felsen auf der Seite der
Kante, die zu dem großen Kamin schaut. Über ein kurzes
Band umgeht man die Kante nach rechts und klettert in der
Wand zu einer kleinen schwarzen Verschneidung. Nach ihrer
Durchsteigung quert man auf einer schmalen Leiste nach
rechts, worauf eine Reihe kleinerer Kamine wieder nach links
leitet zu einem Kamin, den man bis unter einen Überhang
durchklettert. Querung nach links und durch einen engen,
tiefen Spalt auf die erste Schulter der Kante. Nun immer an
der Kante einige Seillängen weiter über ein Band, kurze Wandstellen und kleine Überhänge. Dann über einen schwarzen
Felsgürtel. Die folgende gelbe Platte vermeidet man durch
eine Querung nach links in eine Rinne. Zurück an die Kante
und über gestuften Fels in die Nähe der Scharte zwischen
Cima Sella und einem Turm (Torre delle Val Perse). Über
die linke, senkrechte Wand und die folgenden Aufschwünge,
immer links, zur Kante, haltend. Schließlich erreicht man das
breite Band unter dem gelben Gipfelaufbau. Zunächst wieder
an der Kante, dann etwas nach rechts zu einem Band und
einer schmalen Leiste. Ein darüberliegender Überhang wird

schräg nach rechts überwunden und auf einer Leiste nach rechts gequert. Mit einem luftigen Spreizschritt in einen senkrechten Kamin, der auf ein Band führt. Auf ihm quert man nach links an die Kante. Diese verfolgend, einige kleine Überhänge überkletternd, direkt zum Gipfel.

● **307 S-Wand** (H. Arlberg, A. Dallagiacoma 1892 unterer Teil; E. und K. Kiene 1910 oberer Teil), I, 300 m, 1¹/₂ st von der Tuckett-Hütte. Die am meisten begangene Führe an der Cima Sella.
Von der „Bocca di Tuckett" über steile Felsstufen zu dem ersten breiten Band und weiter durch einen wenig tiefen Riß schräg nach links. Schließlich zu den Bändern, in halber Wandhöhe. Über Schutt, rechts haltend zu der Rinne, die zwischen Vor- und Hauptgipfel herabzieht. Nun zur Scharte zwischen beiden Gipfeln und nach rechts zum Gipfel.

● **308 Abstieg:** Vom Gipfel nach Norden hinab auf den Gletscher. Hier nach Westen, bis man in die kleine Schlucht gelangt, die zum Weg auf die Tuckett-Hütte führt.

● **309 Castelletto Superiore,** 2693 m
Kleines spitzes Felshorn westlich der Cima Sella.
● **310 Normalweg** (H. Arlberg mit Führer 1894), I, eine Stelle II, 1 st von der Tuckett-Hütte.
Von der Tuckett-Hütte wie bei R 305 zu der Hochfläche, wo der „Vedretta di Vallesinella Superiore" beginnt. Nach rechts zum Rand und zum Fuß des Gipfelzackens. Auf einem Band nach rechts um die N- und W-Seite. Über eine scharfe Schneide und ein Band schließlich in die S-Seite und ausgesetzt eine Verschneidung hinauf zum Gipfel.

● **311 W-Wand** (E. und K. Kiene 1910), III, eine Stelle IV, 250 m, 2 st E. Interessante Route am Castelletto Superiore, die die steile, aber gegliederte Wand rechts des großen Kamins, der zur Tuckett-Hütte schaut, durchzieht.
Von der Tuckett-Hütte über die Moräne auf Weg Nr. 303 zur „Bocca di Tuckett", bis man über steiles Geröll hinaufgeht in Richtung zu dem großen Kamin, der durch die W-Seite zieht. Ohne in ihn einzusteigen, quert man auf einem breiten Band, das man schon von der Hütte aus sieht, nach rechts, umgeht eine Kante und gewinnt gleich danach einen etwas nach links gerichteten Kamin. Von seinem Ende gerade hinauf über die gegliederten Felsen zu einer Terrasse. Nun über

eine kurze, senkrechte Wand und Querung schräg rechts aufwärts auf die Seite zum Gletscher. Über eine geneigte, aber
griffarme Platte unter einem kleinen Dach nach links zurück.
Das Dach wird links durch einen Riß überwunden und man
erreicht den Grat. Über ihn zum letzten Gipfelaufschwung,
der über die SW-Seite erreicht wird.

● **312   Abstieg:** Vom Gipfel südseitig durch eine ausgesetzte
Verschneidung hinunter und über ein Band und eine scharfe
Schneide zur W-Seite. Weiter auf einem Band zur N-Seite
und hinunter zur Hochfläche in die steile Schlucht, die zum
Weg zur Tuckett-Hütte führt.

● **313**   **Castelletto Inferiore,** 2595 m
XI
Eleganter Felsgipfel, in einer steilen Wand zur Schulter, bei
der Tuckett-Hütte abbrechend.

● **314   Normalweg,** I, vielfach II, eine Stelle im zweiten
Kamin III, 250 m, 1½ st. Dieser hier beschriebene Anstieg
wird heute dem alten Normalweg vorgezogen und ist auch
für den Abstieg einfacher.
Hinter der Tuckett-Hütte befinden sich im linken Teil der
Südwand zwei tiefe Kamine, einer hinter dem anderen, etwas von rechts nach links geneigt, die auf die W-Schulter des
Castelletto führen. Von der Schulter ein Stück am Grat und
auf ein Band, wie ein Fußweg, das die S-Wand durchläuft,
und das bis in den äußersten rechten Wandteil, der weniger
steil ist, verfolgt wird. Man umgeht eine gelbe Kante, verläßt
das Band und steigt über steile, aber unschwierige Stufen
schräg nach rechts zu einer großen Felsnase, die am rechten
Rand der Wand hervorragt. Über ein kleines Band nach
rechts bis unter die Nase und durch einen steilen Kamin
wieder nach links zu gestuften Felsen. Jetzt erneut nach
rechts zur kleinen O-Schulter des Gipfelgrates. Ein kurzer
Aufschwung und dann immer dem Grat nach in westl. Richtung zum Gipfel.

XI
● **315   S-Wand, Kiene-Weg** (E. und K. Kiene 1910), IV, eine
Stelle V, 250 m, 2 st E. Dieser klassische Weg wird sehr oft
begangen.
Von der Tuckett-Hütte zum Wandfuß, wo man in Wandmitte in den tiefen, schwarzen Kamin einsteigt, der sich rechts

des Kamins befindet, den der Normalweg benützt. Am Ausstieg die schwierigste Stelle der Führe. Man kommt auf dem breiten Schuttband an, das die ganze S-Wand durchläuft. Auf dem Band wenige Meter nach rechts und gerade empor über die ausgesetzte Wand, sich immer im rechten Teil der breiten Verschneidung haltend, die sich rechts des gelblichen, in Gipfelfallinie aus der Wand vorragenden Pfeilers befindet. Am Ende der Verschneidung weiter über die Wand, etwas nach rechts auf ein Band und gleich darüber auf das Band des Normalweges. Durch einen schönen, 50 m hohen Kamin auf ein weiteres Band unter der gelben Schlußwand. Auf dem Band nach links, über eine niedrige Felsstufe und in Höhe einer herausragenden Kanzel auf schmaler Leiste nach links queren. Durch einen Kamin zum Gipfel.

● **316 Abstieg:** Vom Gipfel nach Osten über den Grat bis zur letzten Schulter, von dort in die S-Seite absteigen, zuerst über gestufte Felsen nach rechts, dann nach links durch den Kamin. Von ihm aus wieder nach rechts bis auf das Band (Fußweg), das man von oben gut sieht und bis zur W-Schulter verfolgt. Von hier durch die beiden aufeinanderfolgenden Kamine (evtl. abseilen) hinunter zum Wandfuß.

● **317**   **Castello di Valsinella,** 2780 m
Großes Felsmassiv hinter Castelletto Inferiore und Castelletto Superiore, nach NO zum „Vedretta di Vallesinella Inferiore" mit einer gelben Wand abbrechend.

● **318 NO-Wand** (B. Detassis, P. Graffer, S. Ruffo 1940), V+, einige Stellen VI, 300 m, 4—6 st E. Die Wand wird durch eine feine Verschneidung und einen nassen Kamin durchzogen, die den Durchstieg vermitteln.
Von der Tuckett-Hütte auf Weg Nr. 316, der zum „Grosté-Paß" führt, bis man ihn nach rechts in das geröllerfüllte Tal verläßt und zum „Vedretta di Vallesinella Inferiore" aufsteigt. E in die feine Verschneidung, die schräg nach rechts verläuft und weiter gerade hinauf über Risse bis zu einer kleinen Terrasse. Hier quert man 4 m nach links und gelangt nach Überwindung eines Überhanges zu einem anderen Absatz. Nun über den großen Überhang und 5 m schräg links aufwärts in eine gelbe Verschneidung. Diese wird durchstiegen, dann 4 m nach links gequert. Über die schwarzen, rißdurchsetzten Felsen zu dem nassen Kamin, der den oberen Wand-

XI Castelletto inferiore, S-Wand mit Tuckett-Hütte
1 = R 314, 2 = R 315.

Foto: G. Pedrotti

teil durchzieht. Dieser wird durchstiegen, worauf man den Gipfel erreicht.

● **319 Abstieg** (I+, 1¹/₂ st): Vom Gipfel in südöstl. Richtung (zur Cima Sella) ohne besondere Richtpunkte hinunter über die Felsstufen zum Gletscher und von hier nach Westen in die kleine Rinne, die zum Weg zwischen der „Bocca di Tuckett" und Tuckett-Hütte führt.

● **320   Cima Falkner**, 2988 m

Höchster und wohl auch schönster Gipfel im Massiv des Grosté, nördlich der Cima Sella.

● **321 Normalweg** (A. de Falkner, A. Dallagiacoma 1882), I—, 2¹/₂ st von der Tuckett-Hütte.

Von der Tuckett-Hütte wie bei R 305 zum „Vedretta di Vallesinella Superiore". Von hier zur Scharte zwischen Campanile di Vallesinella (dem Gipfel zwischen Cima Sella und Cima Falkner) und Vorgipfel, 2894 m. Ein kurzes Stück den Grat hinauf bis zu einem Band, das die ganze O-Flanke des Campanile di Vallesinella unter den Gipfelfelsen durchschneidet. Man durchläuft das Band gänzlich und folgt dann schrägen Bändern hinunter zum Geröll unter der Cima Falkner. Von hier zur großen Schutt- und Schneerinne, die die ganze SO-Seite durchzieht. Sie endet auf einer Scharte, von der aus man nach links über einen breiten Rücken zum Gipfel gelangt.

● **322 SW-Wand** (B. Detassis, F. Ferretti, S. Serafini 1947), IV, einige Stellen V, 400 m, 4—6 st E.

Von der Tuckett-Hütte wie bei R 318 zum „Vedretta di Vallesinella Inferiore", an einer schneegefüllten Schlucht vorbei und am Fuße der großen Schulter der Cima Falkner queren, bis man über einen Schrofenkegel an den Beginn der SW-Wand kommt (2 st).

E bei einem grauen Streifen (Steinmann) und durch einen von rechts nach links umbiegenden Riß auf eine Terrasse. Weiter durch einen Riß zu einer schwärzlichen Wand, die man im Zickzack durchsteigt. Es folgt eine kleine Terrasse. Nun einen schräg nach links gerichteten, überhängenden Riß 2 m hinauf und nach rechts zu einem Absatz und dem darüberliegenden Band. Auf dem Band nach links zu einer Verschneidung, die bis zu einer kleinen Terrasse durchstiegen wird. Gerade weiter in einem Riß in Richtung der großen Terrasse, dann nach links zu einem Zacken, den man umgeht. Dann über einen Riß empor bis 20 m von dessen Spitze. Nach links zu einer Terrasse bei einer gelben Kante. Teils im Riß, teils an der Kante und Querung nach links, entlang einer schwärzlichen Wand. Durch einen Kamin auf eine Terrasse, von ihr zu einer Verschneidung, die über einen Zacken führt. Weiter in ihrem Grunde bis zu einer Scharte und über Felsaufschwünge zum Gipfel.

● **323 O-Wand** (C. Garbari allein 1894), II, 3 st von der Tuckett-Hütte.
Von der Tuckett-Hütte wie bei R 321 an den Fuß der O-Wand. Hier quert man von rechts nach links zu einem schönen Kamin, der gänzlich durchstiegen wird. Dann direkt zum südöstlichen Vorgipfel empor, Querung der Scharte, wo der Normalweg heraufkommt, und in Kürze zum Gipfel.

● **324 Abstieg:** Vom Gipfel über den breiten Rücken zur Scharte und nach SO hinunter durch die große Schutt- und Schneerinne zum Wandfuß. Einer Reihe von Bändern nach, die die ganze O-Flanke des Campanile di Vallesinella (von der Cima Falkner aus der nächste Gipfel zur Tuckett-Scharte hin) durchziehen, bis man direkt zum „Vedretta di Vallesinella Superiore" absteigen kann. Von hier weiter wie bei R 319.

● **325 Cima delle Val Perse,** 2804 m
Weniger freistehender Gipfel, der mit der Cima Roma ein Massiv bildet.

● **326 SO-Kante** (P. Graffer, M. Friederichsen 1940), V, 400 m, 4—5 st E. Sehr schöne, ausgesetzte Kletterei in bestem Fels an der Kante, die durch die Schlucht gebildet wird, die zwischen Cima Roma und Cima delle Val Perse herabzieht.
Östlich der „Bocca di Tuckett" quert man die ganze obere Mulde des Val Perse und steigt etwa 80 m in der besagten Schlucht empor, quert nach links um die Kante und steigt von einer Nische aus in eine senkrechte Verschneidung, die auf eine Schutterrasse führt. Von hier durch einen Kamin an der Kante. Dort, wo er sich schließt, 2 m nach links heraus und gerade hinauf auf eine andere Terrasse. Nun eine Seillänge etwas rechts der Kante und zwei weitere Seillängen, etwas links zu einer Kanzel bei einem Überhang. Weiter, erst links, dann rechts zu einer Stufe. Von hier weiter an der Kante, durch eine Verschneidung, einen Überhang nach links

umgehend zu einer weiteren Terrasse. Von hier immer an
der Kante, die nun unschwieriger wird, bis zum Gipfel.

● 327 **Abstieg:** Vom Gipfel über den Grat nach Osten bis
zur Scharte und von hier weiter wie bei R 330.

● 328 **Cima Roma,** 2825 m

Der höchste Gipfel in dem Nebengrat, der von der „Bocchetta
delle Val Perse" nach Osten vorspringt und mit hohen Wänden
ins Val Perse abbricht.

● 329 **S-Wand** (M. Armani, L. Scartezzini 1935), IV, 400 m,
4—5 st E. Der Anstieg geht zuerst durch die Wand, dann an
die Kante, die direkt vom Gipfel herabzieht, und bietet eine
elegante, ausgesetzte Kletterei.

Wie bei R 326 zum Wandfuß. Etwas rechts der Schlucht, die
zwischen Cima delle Val Perse und Cima Roma herunterzieht, in einem Kamin empor bis auf ein Band. Auf diesem
etwas nach rechts zu einem anderen Kamin. Durch ihn über
den senkrechten Wandaufschwung und zu unschwierigeren
Stufen. Über diese hinauf bis auf ein breites Band, das die
ganze Wand in halber Höhe durchzieht. Von hier weiter
durch eine Kaminreihe auf ein höher gelegenes Band. Auf
ihm nach rechts an die SO-Kante, die verfolgt wird bis zu
einer Schulter, und weiter, schon gegliederter, zum Gipfel.

● 330 **Abstieg:** Vom Gipfel nach Westen in die Scharte und
über den Grat und den folgenden Felskamm nordwestlich hinunter zur Hochfläche. Hier, einige kleine Mulden querend,
nach SW zur „Bocchetta delle Val Perse" und die steile Schneerinne hinunter ins „Val Perse", östlich der „Bocca di Tucket".

● 331 **DIE NÖRDLICHE KETTE**

Diese etwa 20 km lange Kette zieht vom „Grosté-Paß" nach
Norden bis zum Val del Voce und ist im Westen vom Melé-
drio-Tal und Val di Sole, im Osten vom Tovel-Tal und Val
di Non begrenzt. Mit dem Brenta-Hauptkamm nur durch
den breiten „Grosté-Paß" verbunden, ist sie fast eine Gruppe
für sich. Für den Kletterer allerdings bietet sie wegen der
vorwiegenden Brüchigkeit des Gesteins keine lohnenden Ziele,
während der Wanderer ein reiches Betätigungsfeld findet.

● 332   Die Campa-Gruppe

Der nordöstliche Teil der Brenta-Gruppe, für den Kletterer
ohne Bedeutung.

● 333   Die Altissimo-Gruppe

Diese Gruppe umfaßt die Berge zwischen „Val delle Seghe",
Val della Spora und dem Abfall nach Andalo. Die bedeutendsten Anstiege dieser Gruppe finden sich am Croz dell'Altissimo.

● 334   Croz dell'Altissimo, 2339 m

Der höchste Berg dieser kleinen Untergruppe, der mit einer
1000 m hohen Wand ins Val delle Seghe abbricht. Er besteht
aus Haupt- und NW-Gipfel, die beide einen Pfeiler bilden.
Ein dritter Pfeiler befindet sich noch weiter rechts und bildet
mit dem Hauptgipfel eine riesige Verschneidung, wie die
beiden anderen. Trotz ihrer Steilheit weisen die Wände teilweise Graswuchs auf.

Die Einstiege erreicht man in 30 Min. von Pradel aus, zu
dem von Molveno ein Lift führt und zu dem auch die Straße
ausgebaut werden soll.

XII

● 335 SW-Verschneidung (M. Armani, G. Fedrizzi 1936), V,
850 m, 5—8 st E. Der Anstieg folgt der Verschneidung, die
durch den Pfeiler des Hauptgipfels und den der SO-Schulter
gebildet wird.

Vom Weg im „Val delle Seghe" über den steilen, bewaldeten
Hang hinauf zu der Verschneidung. Im Verschneidungsgrund
durch einen Kamin, der sich nach etwa 40 m zu einem Riß
verengt und unter rötlichen Überhängen endet. Ohne Haken-
möglichkeiten 20 m hinauf zur Fortsetzung der Risse im
Verschneidungsgrund. Einige Seillängen empor auf ein Band
unter einem Überhang. Auf dem Band einige Meter nach
rechts und über den Überhang (H). Weiter im Kamin des
Verschneidungsgrundes bis etwa 150 m unter dem Grat der
Schulter. Weiter in der rechten Wand, etwa 30—40 m von der
Verschneidung entfernt. Nach Überwindung einer Folge von
Aufschwüngen, Platten und Bändern steigt man unweit der
Stelle, wo die Verschneidung mündet, am Grat der Schulter
aus. Über den unschwierigen Grat zum Gipfel.

XII

● 336 S-Wand (N. Oppio, S. Colnaghi, L. Guidi 1939), VI,
1000 m, 10—14 st E. Diese Führe ist zwar die schwierigste am

Croz dell'Altissimo, aber wegen ihrer Brüchigkeit und des Grases im oberen Teil nicht die schönste. Die Erstbegeher benötigten 54 st reine Kletterzeit. Die Führe verläuft zwischen Pfeilerkante des Hauptgipfels und rechter Verschneidung. Wie bei R 335 zur Verschneidung. In ihr durch eine Rinne auf ein grasiges Band, welches einen guten Teil der Wand des Mittelpfeilers durchschneidet. Man folgt dem Band nach links, etwa 50 m bis zur Mitte der Wand, ersteigt einen kurzen Kamin und geht weiter über einen schrägen Riß nach links und dann über eine Serie von Kaminen, Rissen und Wandstellen immer in Richtung Wandmitte. Nach etwa 200 m kommt man zu einem etwa 100 m langen Kamin, der schräg nach links geneigt ist. Man ersteigt ihn, ein Stück die Kante benützend. Über dem Kamin zeigt die Wand einen Gürtel von herausgewölbten, gelben, nassen Felsen, die man mit Hakenhilfe überwindet (die Erstbegeher brauchten für die 35 m, die schwierigsten der Wand, einen Tag). Nun etwa 100 m über gestuften Fels und brüchige Bänder, bis man links eines Turmes, dessen Spitze eine Terrasse mit Sträuchern bildet, ankommt. Weiter über eine Reihe schwieriger und mühsamer Risse. Nach 200 m etwas nach links, dann erneut nach rechts, nach 50 m folgt ein grasiges, abschüssiges Band. Nun über eine sehr ausgesetzte, griffarme Wand bis zu einem kleinen Band unter einem Gürtel von gelben Felsen. Nach Querung 20 m nach links überwindet man den gelben Gürtel, 5 m gerade emporsteigend, 10 m schräg nach rechts und 15 m bis zu einem Standplatz (H). Über teils festen, teils brüchigen Fels noch 60 m bis zu einem Band, das die Wand unter dem letzten gelben Gürtel horizontal durchschneidet. Auf dem Band 60 m sehr ausgesetzt nach rechts, um eine Ecke und über einen kurzen Riß, der durch eine von der Wand losgelöste Platte gebildet wird, auf eine Galerie. Man quert 5 m nach rechts und durch einen breiten, etwa 60 m langen Riß überwindet man den mächtigen gelben Gürtel (H). Nun unschwieriger über die griffarme, aber jetzt weniger steile Wand und allmählich nach links zu einer Serie von Kaminen und Rissen, die man zuerst nach links, dann direkt ersteigt, bis man den Grat erreicht. Über den Grat zum Gipfel.

XII Croz dell'Altissimo, S-Wand mit Selvata-Hütte
1 = R 338, 2 = R 337, 2a = R 337a, 3 = R 336, 4 = R 335.

Foto: G. Pedrotti

XII

● **337   SW-Wand** (A. Dibona, L. Rizzi, G. u. M. Mayer 1910),
III, einige Stellen IV u. V+, 1000 m, 5—8 st E. Die Führe
verläuft in der unteren Wandhälfte in der großen Schlucht
zwischen den beiden Gipfeln und quert dann nach rechts an
die Kante des Pfeilers des Hauptgipfels.

Vom Weg im „Val delle Seghe" über den Hang zum Wandfuß.
Man steigt in der Verlängerung der Schlucht, die nicht bis
herunterzieht, ein und ist zu einigem Hin und Her auf den
Bändern, die den gleichmäßig geschichteten unteren Wandteil
durchlaufen, gezwungen. So steigt man in einer etwas nach
links ziehenden Rinne hinauf bis unter die hohen Überhänge, links der Schlucht. Nun lange Querung auf einem
Band bis unter die Kante des Pfeilers rechts der Schlucht.
Über einige Platten auf ein höher gelegenes Band, das nach
links zum Beginn der Schlucht führt. In ihrem Grunde im
linken zweier Parallelkamine empor. Ein Überhang wird in
der rechten Wand umgangen, ein weiterer ebenfalls rechts
über eine glatte Platte. Nun weniger schwierig im Kamin bis
zu einer tiefen Höhle unter einem großen Dach, das waagrecht ein nach unten offener Riß durchläuft. Sich so weit als
möglich im Riß verklemmend, quert man nach außen zum
Rand des Daches, gewinnt einen feinen Riß, der endlich auf
eine kleine Terrasse führt (schwierigste Stelle). 50 m weiter
in der Schlucht bis zu einer Art Mulde, wo ein breites, grasiges Band schräg nach rechts an die Kante des Pfeilers führt.
Etwas rechts der Kante durch eine Kaminreihe und nach
50 m zur linken Flanke. Nun 100 m etwas im Zickzack bis
unter den letzten senkrechten Aufschwung der Kante und
über drei aufeinanderfolgende Platten. Endlich über ein grasiges Band weit nach links und durch Kamine und Rinnen in
brüchigem Fels zum Gipfel.

XII

● **337a   Variante zur SW-Wand** (B. Detassis, G. Corrá 1932),
V+. Diese Variante bedeutet die logische Fortsetzung des
Dibona-Weges durch die Schlucht bis zum Gipfel.

Über die Dibona-Führe durch den unteren Teil der Schlucht
bis zu der Mulde, wo der Originalweg nach rechts an die
Pfeilerkante quert. Hier setzt man den Anstieg in der Schlucht
fort und zwar zuerst durch einen engen Kamin, dann über
die zwei folgenden Risse, den Überhängen in der geneigten

rechten Wand ausweichend, zu einer großen Höhle. Querung nach links und über eine Kante hinauf, bis man über dem Überhang wieder in die Schlucht queren kann. Hier beginnt eine lange Kaminreihe in der Wand rechts der Schlucht. Dieser etwa 200 m hohe Wandteil ist weniger steil, aber brüchiger. Ein letzter Wandteil führt auf den Grat unweit des Gipfels.

XII

● **338 SW-Wand des NW-Gipfels** (B. Detassis, E. Giordani 1936), V+, einige Stellen VI, 1000 m, 7—10 st E. Der einzige Anstieg durch die Wand des NW-Gipfels. Er folgt einer langen Reihe von Rissen und Verschneidungen, die die Wand schräg von links nach rechts durchziehen.

Wie bei R 337 zur Wand und durch die nach links geneigte Rinne, bis die Dibona-Führe nach rechts quert. Hier auf einem waagrechten Band nach rechts zur SW-Wand des NW-Gipfels. Von einem losgelösten Felsen aus über Felsstufen auf ein weiteres Band unter einem Überhang. Man quert nach links zu einer großen, überhängenden Verschneidung (Beginn der Schwierigkeiten). In der Verschneidung empor, dann etwas nach rechts zu einem Schuttband. Immer rechts haltend über kleine Überhänge zu einer zweiten Verschneidung, rechts der vorhergehenden. Durch den Riß im Verschneidungsgrund hinauf, bis er sich zu einer Art Höhle weitet. Diese verläßt man über ein grasiges Band nach rechts und kommt zu einer weiteren Verschneidung, die durch ein großes Dach geschlossen ist. Man überwindet es rechts über eine glatte Wand (schwierigste Stelle) und erreicht einen langen Riß, der einige Überhänge aufweist. Man verfolgt ihn, bis er unter einem anderen enormen Dach weiter wird. Auf einem grasigen Band nach rechts und über einen Felssporn, dann nach links in eine Verschneidung. In ihr etwa 100 m empor, dann Querung 5—6 m nach rechts und durch eine Verschneidung und Stufen zum Gipfel.

● **339 Abstieg:** Vom Gipfel, immer dem N-Grat folgend, zur Scharte „Passo dei Lasteri". Noch ein kurzes Stück den Grat hinauf zur Cima dei Lasteri, bis er sich aufsteilt, dann Querung auf der NW-Seite, bis man eine Felsrinne quert. Auf der anderen Seite kann man ohne besondere Richtpunkte über unschwierige Felsen, Gras und Geröll schräg nach rechts zur Scharte „Passo del Clamer" absteigen. Von hier durch eine steile, zerklüftete Schlucht hinunter ins „Val delle Seghe".

Randzahlenverzeichnis

Die sich des öfteren wiederholende zusätzliche Bezeichnung „Cima" (Gipfel) ist dem eigentlichen Bergnamen nachgestellt. Man suche deshalb z. B. Cima Tosa unter Tosa.

✂

Berichtigung

(bitte im Umschlag einsenden an den
Bergverlag Rudolf Rother, 8 München 19, Postfach 67)

Die Randzahl .... des GF · Brenta-Gruppe, Auflage 1975, bedarf folgender

Verbesserung bzw. Neufassung:

bitte wenden!

Absender:

Postleitzahl, Ort:

Straße:

Der Bergverlag Rudolf Rother ist berechtigt, diese Berichtigung dem Verfasser zur Bearbeitung der neuen Auflage zuzustellen. Der Verlag wird bei Erscheinen dieser neuen Auflage dem Einsender ein Exemplar zum Vorzugspreis mit 50 % Nachlaß anbieten.

Unser Beitrag zum Umwelt- und Naturschutz!
Bergverlag Rudolf Rother, München

Jede Gebirgslandschaft ist charakteristisch durch eine für sie besondere Flora. Sie hat sich im Lauf der Jahreszeiten im bunten Farbenspiel harmonisch ineinandergefügt. Viele Arten haben schon die Eiszeiten überlebt und sich jeweils klimatisch angepaßt. Was sich durch Jahrtausende, oft sogar Millionen von Jahren erhalten konnte, sollte durch den heutigen Menschen nicht in wenigen Generationen zerstört werden. Er müßte bemüht sein, diese unbeschreibliche Schönheit, Vielfältigkeit und Farbenpracht der Bergblumen für seine Nachkommen zu bewahren. Seine Hauptaufgabe zum „Schutz und Erhaltung der wildwachsenden Pflanzen" erfordert Verständnis und Aufgeschlossenheit jedes einzelnen, aber auch Kenntnis der zu schützenden Arten.

Am Schluß der botanischen Angaben sind die Länder genannt, in denen die betreffende Pflanze gesetzlichen Schutz genießt: A = Österreich, CH = Schweiz, D = Deutschland, FL = Fürstentum Liechtenstein, I = Italien. Größter Teil der Aufnahmen aus „Blumenwelt der Dolomiten" von Paula Kohlhaupt, **Athesia-Verlag**, Bozen.

Türkenbund (Lilium martagon)
Fam.: Liliengewächse
(D, A, CH, I, FL)

Feuerlilie (Lilium bulbiferum)
Fam.: Liliengewächse
(D, A, CH, I, FL)

Frauenschuh (Cypripedium calceolus)
Fam.: Orchideen (D, A, CH, I, FL)

Rotes Waldvögelein (Cephalanthera rubra)
Fam.: Orchideen (D, A, CH, I, FL)

Kohlröschen (schwarz und rot) (Nigritella nigra)
Fam.: Orchideen (D, A, CH, I, FL)

Fliegen-Ragwurz (Ophrys insectifera)
Fam.: Orchideen (D, A, CH, I, FL)

Weiße Seerose (Nymphaea alba)
Fam.: Seerosengewächse
(D, A, CH, I, FL)

Christrose, Schneerose
(Helleborus niger), Fam.: Hahnen-
fußgewächse (C, A, I)

Schwefel-Anemone (Pulsatilla
sulphurea), Fam.: Hahnenfuß-
gewächse (D, A, CH, I, FL)

Frühlings-Kuhschelle (Pulsatilla
vernalis), Fam.: Hahnenfuß-
gewächse (D, A, CH, FL)

Spinnweben-Hauswurz (Sempervivum arachnoideum), Fam.: Dickblattgewächse (D, A, CH, FL)

Trauben-Steinbrech (Saxifraga paniculata), Fam.: Steinbrechgewächse (D, A, CH)

Steinröserl (Daphne striata) Fam.: Seidelbastgewächse (D, A, CH, I)

Seidelbast (Daphne mezereum) Fam.: Seidelbastgewächse (D, A, CH)

Echte Alpenrose (Rhododendron ferrugineum), Fam.: Heidekrautgewächse (D, A, CH, FL)

Zwerg-Alpenrose (Rhodothamnus chamaecistus), Fam.: Heidekrautgewächse (D, I)

Alpenveilchen (Cyclamen europaeum), Fam.: Schlüsselblumengewächse (D, A, CH)

Schweizer-Mannsschild (Androsace helvetica), Fam.: Schlüsselblumengewächse (D, A, CH, I)

Fels-Aurikel (Primula auricula)
Fam.: Schlüsselblumengewächse
(D, A, CH, I, FL)

Zwerg-Primel (Primula minima)
Fam.: Schlüsselblumengewächse
(D, A)

Behaarte Primel (Primula hirsuta)
Fam.: Schlüsselblumengewächse
(D, CH, I)

Himmelsherold (Eritrichum nanum)
Fam.: Rauhblattgewächse
(CH, A, I)

Stengelloser Enzian (Gentiana acaulis), Fam.: Enziangewächse (D, A, CH, FL)

Gelber Enzian (Gentiana lutea) Fam.: Enziangewächse (D, A, CH, I)

Pannonischer Enzian (Gentiana pannonica), Fam.: Enziangewächse (D, A, CH, I)

Dolomiten-Glockenblume (Campanula morettiana), Fam.: Glockenblumengewächse (I)

Schopf-Teufelskralle (Physoplexis comosa), Fam.: Glockenblumengewächse (I)

Edelweiß (Leontopodium alpinum) Fam.: Korbblütler (D, A, CH, I, FL)

Echte Edelraute (Artemisia mutellina), Fam.: Korbblütler (D, A, CH, I, FL)

Arnica, Bergwohlverleih (Arnica montana), Fam.: Korbblütler (D, A, CH)